Les ponts de la connaissance de soi

De l'astrologie au DISC, et si tout était lié ?

Guillaume Blouin

Copyright © 2025 — Tous droits réservés
Ce livre et l'ensemble de son contenu (textes, illustrations, exercices, jeux, concepts, personnages, scénarios, méthodes) sont protégés par les lois en vigueur relatives à la propriété intellectuelle et au droit d'auteur.
Toute reproduction, représentation, adaptation, diffusion, ou exploitation, totale ou partielle, sous quelque forme que ce soit, sans autorisation écrite préalable de l'auteur, est strictement interdite et pourra donner lieu à des poursuites judiciaires.

Avis juridique
Les informations, conseils, outils et méthodes partagés dans ce livre sont proposés à titre informatif et pédagogique. Ils sont le fruit d'une expertise, d'expériences personnelles et professionnelles, ainsi que de recherches approfondies.
Ils ne constituent en aucun cas un conseil personnalisé, un diagnostic, ni une prescription professionnelle ou médicale. Le lecteur est invité à faire preuve de discernement et à consulter un professionnel adapté à sa situation pour toute question spécifique.

Avis de non-responsabilité
L'auteur et l'éditeur ne sauraient être tenus responsables des interprétations, utilisations ou conséquences liées à l'application des contenus de ce livre.
Chaque lecteur reste pleinement responsable de ses choix, de ses actions et des résultats obtenus à partir des informations partagées.
Ce livre a pour seule vocation de favoriser la réflexion, le développement personnel et l'apprentissage ludique.

© 2025 Guillaume Blouin
Édition : BoD · Books on Demand, 31 avenue Saint-Rémy,
57600 Forbach, bod@bod.fr
Impression : Libri Plureos GmbH, Friedensallee 273,
22763 Hamburg (Allemagne)
ISBN : 978-2-3226-3487-3
Dépôt légal : Mai 2025

PRÉFACE

Je me souviens très bien de ce moment.
Celui où je me suis dit :

« Mais... est-ce qu'un jour, je vais vraiment réussir à me comprendre ? »

Pas à me "définir".
Pas à me coller une étiquette qui m'explique.
Juste... à **m'accueillir tel que je suis.**

J'avais l'impression d'être un paradoxe ambulant.
Tantôt dans l'action, tantôt dans l'observation.
Besoin de contact, mais aussi de solitude.
Organisé... sauf quand je ne le suis plus.
Et toujours cette **voix intérieure qui me disait** : "Tu devrais être plus comme ci... moins comme ça..."

Alors j'ai commencé à chercher.
À lire. À tester. À former. À transmettre.
DISC, MBTI, PNL, Ennéagramme, Astrologie, Tempéraments...
Je les ai explorés un par un, parfois avec passion, parfois avec scepticisme.

Et à chaque fois, j'avais cette sensation étrange :

« Ce modèle me parle... mais il me manque quelque chose. »

Alors j'ai creusé.
Je me suis formé.
Je les ai appliqués, vécus, intégrés...
Et surtout, j'ai observé.
Moi. Les autres. Les dynamiques. Les tensions. Les forces. Les cycles.

<u>C'est là que j'ai compris</u> :
Il ne faut pas chercher un outil parfait.
Il faut apprendre à **se lire à travers plusieurs prismes**.

Ce livre est né de cette quête.
Pas celle d'une vérité unique.
Mais celle d'une lecture **plus complète, plus souple, plus humaine**.

Je l'ai écrit comme je suis :
Curieux. Pédagogue. Sensible.
Avec l'envie profonde de transmettre, sans imposer.
D'aider celles et ceux qui, comme moi, se sont dit un jour :

"Je ne rentre dans aucune case..."

Alors je t'invite à ne rien croire sur parole.
Mais à **tester, sentir, croiser, explorer**.

À ne pas chercher une "réponse définitive" mais des
points d'appui pour avancer.
À créer ta propre carte, **ta boussole intérieure**.

Tu n'es pas un test.
Tu n'es pas une couleur.
Tu es un mouvement.
Et ce livre est là pour t'aider à l'observer... puis à le vivre pleinement.

Bonne lecture.
Bonne exploration.

Et surtout : **prends ce qui te parle, laisse le reste... et crée ta version.**

Guillaume Blouin

SOMMAIRE

INTRODUCTION: Et si tout était lié ?

1. Pourquoi il y autant d'outils ....P. 13
2. Ce n'est qu'une carte (pas le territoire) ....P. 15
3. Se connaître, c'est quoi au juste ? ....P. 17

PARTIE 1 : Les grands outils modernes de connaissance de soi

1. DISC - La carte des comportements ....P. 19
2. MBTI - Le langage de l'esprit ....P. 37
3. PNL - Ton cerveau, ton filtre, ta carte du monde ....P. 53
4. Insight - Quand la personnalité rencontre l'émotion ....P. 63
5. L'ennéagramme - Nos motivations profondes ....P. 69
6. Profils croisés et profils atypiques - Quand on ne rentre dans aucune case ....P. 79

PARTIE 2 : Les racines anciennes et symboliques

1. Les 4 éléments : Une sagesse ancestrale au coeur de tous les modèles ....P. 83
2. les 5 éléments asiatiques : Une autre lecture du mouvement intérieur ....P. 93
3. Les tempéraments d'Hippocrate - Quand la médecine devient psychologie ....P. 105
4. L'astrologie - Le Zodiaque comme miroir de nos dynamiques internes ....P. 113

PARTIE 3 : Les ponts invisibles

1. DISC & Tempéraments - L'art de repérer les énergies dominantes ....P. 129
2. MBTI, Éléments & Astrologie - La logique des fonctions ....P. 145
3. PNL & Perception - Les filtres internes qui façonnent notre réalité ....P. 149
4. Vers un profil hybride - Construire sa lecture personnelle à travers les modèles ....P. 155

PARTIE 4 : Utiliser les outils en conscience

1. Quel outil pour quel besoin ? (communication, leadership, couple, recrutement, développement personnel...) ....P. 159
2. Éviter les pièges : les étiquettes, le "je suis comme ça", et les cases rigides ....P. 165
3. Composer avec les autres : créer des équipes et des relations plus fluides ....P. 169
4. Se transformer sans se trahir : évoluer, oui, mais avec alignement ....P. 173

PARTIE 5 : Ton carnet de route P.177

1. Test maison - Découvre ton profil multi-couche ....P. 177
2. Exercices de perception et d'observation ....P. 181
3. 21 jours pour te découvrir autrement (défis, journaling, réflexions) ....P. 187
4. Fiches pratiques : les profils résumés, les mots-clés, les combinaisons utiles ....P. 209
5. Conclusion + Carte postale à toi-même ....P. 213

Épilogue : Ce que tu fais de toi, maintenant, t'appartient

1. Épilogue ....P. 217
2. Jeux ....P. 221
3. Et maintenant, on continue ? ....P. 223
4. Et si tu poursuivais l'aventure ? ....P. 225

INTRODUCTION

Et si tout était lié ?

Je suis tombé dans les outils de connaissance de soi comme d'autres tombent amoureux : sans vraiment comprendre ce qui se passait, mais avec cette impression étrange d'avoir trouvé quelque chose de fondamental.

Au début, c'était simple. Je voulais mieux communiquer avec mon équipe. Je me disais : "Si je comprends comment ils fonctionnent, on gagnera du temps, de l'énergie et peut-être un peu de respect mutuel."
Alors j'ai commencé par le **DISC**. Puis je suis tombé sur le **MBTI**. Ensuite sur la **PNL**, les **tempéraments d'Hippocrate**, les **éléments**, l'**astrologie**... Et au lieu de me perdre, j'ai commencé à voir des **liens**.

Tu vois, c'est un peu comme si j'avais découvert plusieurs langues... qui parlent du **même sujet : toi**.

Un jour, un collègue m'a demandé :
"Attends... tu bosses avec le DISC ou avec l'astrologie, en fait ? T'utilises quoi exactement ?"

Et j'ai répondu, sans hésiter :
"Tout."

Parce que **tout est lié**.
Parce que ces outils ne sont pas des cases. Ce sont des **filtres**. Des **cartes** pour lire un territoire que personne ne t'a vraiment appris à explorer : **toi-même**.

Certains te parleront du **feu** qui t'anime, d'autres de ton **profil rouge**, de ta façon de décider ou de ce que dit **Mars dans ta maison 7**.
Mais au fond, tout ça raconte **la même histoire**, avec des mots différents.
Et cette histoire, c'est celle de tes **forces**, de tes **automatismes**, de tes **blocages**, de ta perception du monde, et surtout... de ce que tu **choisis d'en faire.**

Ce livre, je l'ai écrit pour ça :

1. Pour te faire **gagner du temps.**
2. Pour t'éviter de **croire que tu dois choisir un camp.**
3. Pour t'aider à **t'approprier ce qui te parle, à comprendre les autres sans te trahir**, à **jongler avec les modèles** sans t'y enfermer.

Tu trouveras ici des **outils modernes** comme le DISC, le MBTI, la PNL, Insight...
Mais aussi des modèles plus **anciens**, presque oubliés, comme les **4 éléments, les tempéraments d'Hippocrate**, ou l'**astrologie**, qu'on regarde souvent de travers alors qu'elle cache une vraie finesse symbolique.

Et surtout, tu découvriras les **ponts invisibles** entre tous ces modèles.
Ceux qui permettent de créer ta propre lecture, ton propre langage, ton propre chemin.
Ceux qui rendent enfin possible une connaissance de soi **complète, nuancée, libre.**

Bienvenue dans ce voyage.
Installe-toi confortablement.

On va parler de toi — et tu risques de te voir autrement.

Pourquoi il y a autant d'outils ?

Tu l'as sûrement déjà remarqué : le développement personnel, c'est un peu comme un rayon de supermarché géant.
Y a de tout. Et surtout... y en a **beaucoup trop**.

Tu entres avec une question simple :

"Pourquoi je réagis comme ça dans les conflits ?"

Et tu ressors avec 28 profils animaux, une compatibilité amoureuse selon ton ascendant chinois, et un test en ligne qui t'annonce que tu es un "Cerveau ambiverti lune descendante".

Cool. Mais t'as toujours pas ta réponse.

Alors, **pourquoi tant de modèles ? Pourquoi ça foisonne autant ?**
La réponse est simple : **parce qu'on est complexe.**

L'humain, ce n'est pas une ligne droite. C'est un kaléidoscope.
On pense, on ressent, on agit, on rêve, on doute.
On est façonné par notre passé, notre biologie, notre culture, nos traumas, nos victoires, nos relations.

Et il n'y a **pas un seul outil** qui peut contenir tout ça.

Les modèles sont nés pour **répondre à un besoin précis** :

- Communiquer mieux avec les autres   DISC, MBTI, PNL.

- Comprendre ses émotions et ses valeurs   Insight, Ennéagramme.

- Trouver un sens à ce qu'on vit   Astrologie, archétypes, éléments.

- Équilibrer son énergie, son rapport au monde   tempéraments, médecine ancienne.

Chaque outil est une **porte d'entrée.**
Et chacun **capture une facette de nous**, comme un miroir qui reflète une partie de la pièce.

Le piège, ce serait de croire que **ce miroir est toute la pièce.**

Mais si tu prends du recul… si tu alignes les miroirs…
Tu commences à voir une **image d'ensemble.** Une vision plus cohérente, plus nuancée, plus vivante de toi-même.
Et c'est exactement ce qu'on va faire ici.

Alors ne te perds pas dans les définitions. Ne cherche pas le "bon" outil.
Cherche ce qui **résonne avec toi.**
Et ose combiner, explorer, ajuster.

Parce que c'est là que la magie opère : quand **les outils deviennent des passerelles,** pas des prisons.

Ce n'est qu'une carte (pas le territoire)

Il y a une phrase que j'adore et que tu vas sûrement revoir souvent dans ce livre :
"La carte n'est pas le territoire."

Elle vient de la PNL, mais elle résume à merveille ce qu'on oublie parfois :
Tous les modèles que tu vas découvrir ici : DISC, MBTI, Insight, PNL, astrologie, tempéraments, éléments… ; ne sont pas **toi**.

Ce sont juste des **représentations simplifiées de ton fonctionnement**.

Une carte, c'est utile.
Tu peux t'y repérer. Tu peux la montrer à d'autres.
Tu peux la suivre… ou t'en éloigner.
Mais **aucune carte ne remplace l'expérience du voyage**.

Tu ne peux pas **vivre un désert** en lisant une carte du Sahara.
Tu ne peux pas **ressentir une ville** en regardant son plan sur Google Maps.

Et tu ne peux pas **te comprendre pleinement** en te résumant à "je suis un S", ou "je suis Bélier ascendant Vierge".

C'est là que beaucoup de gens passent à côté de l'essentiel :
Ils utilisent les modèles pour **s'enfermer**, au lieu de les utiliser pour **s'explorer**.

Tu n'es pas une case. Tu n'es pas un profil figé.
Tu es un système vivant, mouvant, subtil, parfois contradictoire, et c'est tant mieux.

Ce que je te propose avec ce livre, ce n'est pas un mode d'emploi.
C'est un **système de cartes**.
Une boussole.
Des repères.
Et surtout, une autorisation :

Celle de **te construire ta propre vision de toi-même**, librement, consciemment, joyeusement.

Alors lis ces cartes. Utilise-les. Joue avec.
Mais n'oublie jamais de regarder aussi **le paysage réel** : tes émotions, tes comportements, tes relations, ton corps, ton énergie, ton intuition.
C'est là que se trouve le vrai territoire.

Se connaître, c'est quoi au juste ?

Se connaître, ce n'est pas juste savoir répondre à un test.
Ce n'est pas empiler des étiquettes pour se dire "Ah, c'est normal, je suis comme ça."
Et ce n'est surtout pas trouver une version figée de soi qu'on affiche fièrement sur LinkedIn.

Se connaître, c'est être capable de **s'observer sans se juger**.

C'est repérer ses schémas.
C'est identifier ce qui t'appartient... et ce que tu as hérité, imité, subi ou répété sans le savoir.
C'est apprendre à dire :
"Tiens, là je réagis comme ça. Pourquoi ? Est-ce que ça me sert ? Est-ce que je choisis ça, ou est-ce que je le subis ?"

Se connaître, c'est aussi **se reconnaître**.
Se donner le droit d'être comme on est — sans culpabiliser d'être trop sensible, trop cash, trop lent, trop intense, trop hésitant, trop tout.

Et enfin, c'est **se choisir**.
Choisir comment tu veux fonctionner. Choisir d'évoluer, ou de rester comme tu es — mais consciemment.
Choisir d'aimer tes zones d'ombre autant que ta lumière.

Dans ce livre, tu ne trouveras **aucune injonction** à changer.
Tu trouveras des modèles, des clés, des ponts.
Tu trouveras des manières de **te regarder autrement**, avec plus de recul, plus d'humour, plus de douceur aussi.

Parce que **se connaître**, ce n'est pas arriver à une réponse définitive.
C'est poser les bonnes questions.
Encore et encore.
Et savoir que, parfois, c'est la question elle-même qui transforme.

PARTIE 1 : Les grands outils modernes de connaissance de soi

1. DISC - La carte des comportements

Imagine un modèle qui ne te parle **ni de ton passé**, ni de ton inconscient, ni de ta spiritualité.

Juste de **ce que tu fais, comment tu réagis, et ce que les autres perçoivent**.
Pas de blabla : **du comportement pur et dur**.

Le DISC, c'est ça.

Basé sur les travaux de William Moulton Marston dans les années 20.

Qui est donc ce William Marston ? c'est un psychologue américain qui a inventé le test de pression sanguine systolique, qui amena à la création du détecteur de mensonge.

Il est aussi à l'origine d'une théorie du comportement humain nommé **Dispositif d'Ingénierie Socio-Cognitive**, plus connu sous le nom de DISC, et pour la petite histoire, Marston était également inventeur, écrivain féministe et scénariste de comics, il est notamment connu comme créateur de la super-héroïne **Wonder Woman** en 1941.

En 1970, le DISC devient le premier test psychométrique utilisé par les psychiatres, puis,
vers le début des année 1990 ce modèle a été repris, modernisé, simplifié… jusqu'à devenir aujourd'hui l'un des outils les plus utilisés en entreprise, en coaching, en management et en développement personnel.

Pourquoi ?

Parce qu'il est **efficace, visuel, rapide à comprendre**, et qu'il parle de **la surface visible de l'iceberg** :
ta manière de **parler, décider, écouter, te positionner**… bref, ta **couleur comportementale dominante**.

Le DISC, c'est **4 couleurs**, 4 lettres, 4 énergies :

D – Dominant : direct, orienté résultats, rapide. Il fonce.

I – Influent : enthousiaste, sociable, créatif. Il inspire.

S – Stable : calme, loyal, à l'écoute. Il sécurise.

C – Conforme : structuré, précis, réfléchi. Il cadre.

Tu n'es jamais **qu'une seule couleur ou lettre**, mais tu en as une ou deux dominantes dans ton comportement habituel.
Et dans certaines situations (stress, nouveauté, conflit…), ton profil peut changer de tonalité.

Le vrai atout du DISC, c'est qu'il te permet **d'adapter ta communication** aux autres.

Tu peux repérer le rouge qui veut aller droit au but, le vert qui a besoin de stabilité, le jaune qui cherche l'échange, ou le bleu qui veut du détail.
Mais attention : le DISC ne te dit pas **qui tu es**,
il te dit **comment tu agis**.

C'est un miroir de ton style relationnel, pas une radiographie de ton âme.

Et c'est justement ce qui le rend si utile pour travailler en équipe, vendre, manager, coacher, ou simplement… éviter les malentendus au quotidien.

Les 4 couleurs en détail

D – Le rouge : L'impact avant tout

Il avance, vite. Il aime décider, diriger, trancher.
Il n'a pas peur du conflit, il a peur de perdre du temps.
Il entre dans une pièce, repère l'objectif, et trace une ligne droite pour l'atteindre.

Il dit : "On y va ? C'est bon, j'ai compris."
Il supporte mal : la lenteur, les détails inutiles, les gens qui doutent.
Sous stress : il peut devenir autoritaire, couper la parole, imposer.

Dans une équipe, le rouge pousse à l'action... mais peut parfois oublier de regarder autour de lui.

I – Le jaune : L'énergie contagieuse

C'est le soleil du groupe.
Il adore parler, convaincre, faire rire, partager. Il vit pour l'échange.
Il a mille idées à la minute, et une capacité à connecter les gens comme personne.

Il dit : "T'as vu ce truc de dingue ? Faut qu'on teste !"
Il supporte mal : la routine, la solitude, les règles trop strictes.
Sous stress : il peut fuir les conflits, survoler les sujets, promettre plus qu'il ne peut tenir.

Dans une équipe, le jaune met de l'ambiance... mais peut avoir besoin d'un cadre pour canaliser son feu d'artifice.

Les 4 couleurs en détail

S – Le vert : La force tranquille

Il observe, il écoute, il soutient.
Il a besoin d'harmonie, de relations stables, de temps pour réfléchir.
Il préfère éviter les conflits et préserver l'équilibre.

Il dit : "Je veux être sûr que tout le monde soit OK avec ça."
Il supporte mal : les décisions brusques, les tensions, le changement non préparé.
Sous stress : il peut se refermer, dire oui sans penser oui, ou fuir l'affrontement.

Dans une équipe, le vert sécurise… mais peut avoir besoin d'être poussé pour oser s'affirmer.

C – Le bleu : Le cerveau analytique

Il cherche la précision, la logique, la structure.
Il veut comprendre avant d'agir. Il vérifie les sources, les chiffres, les règles.
Il est réservé, méthodique, exigeant — avec lui et avec les autres.

Il dit : "Tu as une preuve de ce que tu avances ?"
Il supporte mal : l'imprécision, l'émotion brute, les décisions prises sur un coup de tête.
Sous stress : il peut devenir rigide, critique, ou se noyer dans les détails.

Dans une équipe, le bleu cadre les choses… mais peut avoir du mal à lâcher prise ou à improviser.

À ce stade, tu te reconnais peut-être dans **une ou deux couleurs**, et c'est normal.
On n'est jamais un **seul profil**, on est un **mélange nuancé** qui varie selon le contexte.

Repérer les couleurs en 3 minutes chrono

Ok, maintenant que tu connais les 4 profils DISC, voici LA vraie question :
Comment tu fais pour les repérer chez les autres ?

Pas besoin de leur faire passer un test.
Tu n'as que **2 indicateurs clés à observer** :

1. Leur rythme : Rapide ou posé ?
Ils parlent vite, bougent vite, décident vite ?
=> Plutôt Rouge ou Jaune

Ils prennent le temps, observent, respirent avant de répondre ?
=> Plutôt Vert ou Bleu

2. Leur focus : Relationnel ou factuel ?
Ils aiment parler d'eux, des autres, raconter, créer du lien ?
=> Plutôt Jaune ou Vert

Ils vont droit au but, aux faits, aux chiffres, au concret ?
=> Plutôt Rouge ou Bleu

Croise les deux indicateurs, et tu obtiens :

	Relationnel	**Factuel**
Rapide/ Extravertie	I - Jaune Échange/ Fun	D - Rouge Résultat
Posé/ Introvertie	S - Vert Écoute/ Calme	C - Bleu Analyse

Quelques indices bonus :

Le **D-Rouge** coupe la parole, parle en bullet points, vise le résultat.

Le **I-Jaune** s'enthousiasme fort, s'égare un peu, te tutoie vite.

Le **S-Vert** te laisse parler, hoche la tête, cherche à apaiser.

Le **C-Bleu** demande des détails, reste neutre, pose des questions précises.

Objectif : ne pas "juger" mais **comprendre ce qui anime l'autre**, pour t'ajuster à lui.

Parce que le **DISC n'est pas là pour te dire "sois toi-même à 100%"**, mais pour t'aider à **parler la langue de l'autre sans te renier**.

Et c'est là que la magie commence.

DISC et communication : le langage des couleurs

Comprendre les profils, c'est bien.
Savoir **communiquer avec eux intelligemment**, c'est mieux.

Parce qu'on a tous tendance à **parler avec notre propre filtre**, en oubliant que l'autre ne fonctionne pas pareil.
Un Rouge va droit au but, et trouve les blablas inutiles.
Un Jaune adore les blablas, et trouve les discours froids insupportables.
Un Vert a besoin d'être rassuré.
Un Bleu a besoin de comprendre.

Et si tu ne t'adaptes pas, tu perds l'autre.
Même avec les meilleures intentions du monde.

Avec un D - Rouge :

- Sois clair, rapide, efficace.
- Va droit au but, donne-lui des options, laisse-le décider.
- Ne le noie pas dans les détails.

OUI : "Voici les 3 solutions, je recommande celle-ci pour gagner du temps."

NON : "Je voulais juste partager quelques idées, dis-moi ce que t'en penses…"

Avec un I - Jaune :

- Sois chaleureux, ouvert, dynamique.
- Parle-lui de projets, d'idées, de gens.
- Donne-lui de la place pour s'exprimer.

OUI : "J'adore ton idée ! On pourrait même la booster avec ça, qu'est-ce que t'en dis ?"

NON : "Je vais te lire la procédure, c'est un peu long mais important…"

Avec un S - Vert :

- Sois doux, rassurant, à l'écoute.
- Prends le temps, montre que tu respectes son rythme.
- Valorise la relation.

OUI : "Je voulais te proposer quelque chose, mais dis-moi si tu te sens prêt."

NON : "Il faut décider maintenant, pas le temps de réfléchir."

Avec un C - Bleu :

- Sois précis, factuel, structuré.
- Donne des données, des preuves, un cadre logique.
- Respecte son besoin de recul.

OUI : "Voici les chiffres, les sources, et le plan prévu. Dis-moi si quelque chose te semble flou."

NON : "On verra bien, c'est plus une intuition qu'un truc rationnel…"

La clé, ce n'est pas de te transformer, c'est d'**ajuster ta façon de parler pour être entendu**.
Tu restes toi-même, mais tu parles une langue que l'autre comprend.

Et crois-moi : ça change tout.
Dans les relations pro, perso, amoureuses, familiales… tout devient plus fluide.

DISC & émotions : ce que chaque couleur cache sous la surface

Le DISC, c'est une grille de lecture **des comportements visibles**.
Mais derrière chaque façon d'agir... il y a **une émotion, un besoin, une peur**.
Et c'est souvent **quand ces besoins sont bousculés** qu'on voit les profils se crisper, réagir, exploser... ou se replier.

Comprendre ça, c'est **passer du regard extérieur au lien intérieur**.
Et là, tu passes un cap. Tu ne vois plus juste des couleurs, tu vois des humains.

Le D - Rouge :

Il a besoin de : contrôle, autonomie, efficacité.

Il cache souvent : la peur de perdre du temps, d'être impuissant, de ne pas être respecté.

Sous pression : il devient agressif, impatient, veut tout gérer seul.

Derrière le ton sec, il y a un besoin de **maîtrise**.
Rassure-le sur l'objectif, pas sur l'émotion.

Le I - Jaune :

Il a besoin de : reconnaissance, lien, liberté d'expression.

Il cache souvent : la peur du rejet, de l'ennui, de ne pas être aimé.

Sous pression : il s'agite, fuit, minimise les problèmes ou se disperse.

Derrière le flot de paroles, il y a un besoin de **connexion**.
Écoute-le vraiment.

Le S - Vert :

Il a besoin de : sécurité, stabilité, harmonie.

Il cache souvent : la peur du conflit, du changement brutal, de décevoir.

Sous pression : il se ferme, évite, dit oui à tout… puis craque en silence.

Derrière le calme apparent, il y a un besoin de **protection**.
Donne-lui du temps.

Le C - Bleu :

Il a besoin de : sécurité, stabilité, harmonie.

Il cache souvent : la peur du conflit, du changement brutal, de décevoir.

Sous pression : il se ferme, évite, dit oui à tout… puis craque en silence.

Derrière le silence, il y a un besoin de **cadre**.
Donne-lui du temps.

Résumé simple :

D-Rouge : agit vite pour ne pas perdre le contrôle.
I-Jaune : s'exprime pour créer du lien.
S-Vert : temporise pour préserver l'équilibre.
C-Bleu : structure pour éviter l'erreur.

DISC & stress : ce qui fait exploser ou figer chaque couleur

Tu veux vraiment connaître quelqu'un ?
Observe-le quand il est **sous pression**.

Quand tout va bien, on est tous plus ou moins fluides.
Mais quand la fatigue, le stress ou la frustration s'invitent à la table…
Le **comportement instinctif** reprend les commandes. Et là, **le profil DISC s'exprime dans sa version "déformée"**.

Savoir ça, c'est précieux.
Parce que tu peux **désamorcer des tensions**, comprendre des réactions brutales, éviter de prendre les choses personnellement.
Et surtout, tu peux **adapter ton approche** pour remettre de la sécurité dans l'échange.

Le D - Rouge sous stress:

Devient : autoritaire, cassant, impatient.

Réflexe : contrôler tout, couper les autres, imposer sa vision.

Ce qui le stresse : l'inefficacité, la lenteur, les gens flous ou indécis.

Comment l'aider : Va droit au but, montre que tu avances.
Rends-lui du pouvoir de décision.

Le I - Jaune sous stress :

Devient : dispersé, envahissant, théâtral ou fuyant.

Réflexe : en faire trop, changer de sujet, éviter le fond.

Ce qui le stresse : le rejet, la routine, les critiques froides.

Comment l'aider : Reconnecte avec lui humainement. Encourage-le sans l'étouffer.

Le S - Vert sous stress:

Devient : passif-agressif, silencieux, résigné.

Réflexe : dire oui à tout, puis s'effondrer ou fuir sans prévenir.

Ce qui le stresse : le changement soudain, le conflit, la pression brutale.

Comment l'aider : Ralentis. Rassure. Demande-lui son avis sincèrement, sans forcer.

Le C - Bleu sous stress:

Devient : rigide, cynique, critique (surtout envers lui-même).

Réflexe : sur-analyse, se replie, bloque la décision.

Ce qui le stresse : l'imprécision, l'urgence, les décisions "à l'intuition".

Comment l'aider : Apporte-lui des faits, du cadre, et du respect pour son besoin de structure.

Retiens ceci :
Sous stress, chacun **renforce son trait principal**, jusqu'à la caricature.
Ta mission, ce n'est pas de changer les gens.
C'est de créer **des conditions dans lesquelles ils peuvent redevenir eux-mêmes.**

DISC & complémentarité : Ce que chaque couleur apporte à une équipe

Si tu travailles en équipe (ou que tu vis en famille, ce qui est un peu pareil en plus bruyant), tu l'as sûrement déjà remarqué :
Certaines personnes t'énervent autant qu'elles te sauvent.
Tu ne fonctionnes pas pareil, tu ne penses pas pareil, tu ne réagis pas pareil...
Et pourtant, **vous avez besoin les uns des autres.**

C'est là que le DISC devient **magique**.
Parce qu'il ne sert pas à pointer ce qui "ne colle pas" entre les profils.
Il sert à **valoriser les forces spécifiques de chacun**, et à construire des équipes **équilibrées**.

Le D - Rouge : le moteur

Ce qu'il apporte : vitesse, clarté, orientation résultat.

Son rôle naturel : décider, trancher, prendre des risques.

À équilibrer avec : du recul (Bleu), du lien (Vert), de l'écoute (Jaune).

"Il nous fait avancer... parfois trop vite. Mais sans lui, on serait encore en train de réfléchir."

Le I - Jaune : le lien

Ce qu'il apporte : énergie, créativité, cohésion.

Son rôle naturel : connecter les gens, motiver, ouvrir des possibles.

À équilibrer avec : du cadre (Bleu), de la structure (Rouge), du calme (Vert).

"Il met de la vie, de l'enthousiasme, il débloque les tensions... sauf quand il oublie le timing."

Le S - Vert : le stabilisateur

Ce qu'il apporte : écoute, fiabilité, harmonie.

Son rôle naturel : fédérer, accompagner, sécuriser les transitions.

À équilibrer avec : de l'impulsion (Rouge), de l'ouverture (Jaune), de la clarté (Bleu).

"Il pense aux autres, il tient la baraque… mais il faut parfois le bousculer pour qu'il se positionne."

Le C - Bleu : le cadre

Ce qu'il apporte : rigueur, profondeur, qualité.

Son rôle naturel : analyser, structurer, poser les bonnes questions.

À équilibrer avec : de la souplesse (Jaune), de l'action (Rouge), de l'humain (Vert).

"Il voit les failles avant qu'elles arrivent. Sans lui, on ferait n'importe quoi… mais avec lui, faut pas être pressé."

Le message clé :

Il n'y a **pas de "meilleure couleur"**.
Il y a juste des rôles, des styles, des besoins… à reconnaître et à orchestrer.

Les meilleures équipes ne se ressemblent pas.
Elles **se complètent**.

DISC & évolution personnelle : Rester soi… et grandir quand même

Si tu t'es reconnu dans une ou deux couleurs, c'est top.
Mais attention au piège : celui de se dire

"C'est normal, je suis comme ça."
et de s'arrêter là.

Oui, tu as une **tendance naturelle**, une zone de confort comportementale.
Mais **ce n'est pas une excuse pour tout**.
C'est une **base d'exploration**.

Parce que le but n'est pas de rester figé dans ton style.
Le but, c'est de **rester aligné avec qui tu es**, tout en élargissant ta palette.

Tu es très Rouge ?

Génial, tu fais avancer les choses.

Mais si tu apprends à écouter avant d'agir, tu deviens **un leader inspirant**, pas juste un bulldozer.

Tu es très Jaune ?

Ta joie est contagieuse.

Mais si tu travailles ta concentration et ton écoute, tu deviens **un catalyseur solide**, pas juste un feu d'artifice.

Tu es très vert ?

Ta douceur est précieuse.

Mais si tu poses tes limites et que tu oses dire non, tu deviens **un repère**, pas juste un soutien invisible.

Tu es très bleu ?
Ta rigueur est une force.

Mais si tu acceptes l'imprévu et l'imperfection, tu deviens **un pilier créatif**, pas juste un gardien des règles.

Grandir, ce n'est pas **changer de couleur**.
C'est **développer les autres** quand le moment l'exige.

C'est comme dans une palette de peinture :
Tu as une teinte dominante.
Mais plus tu oses mélanger, plus tu gagnes en richesse.

Et parfois, le plus grand acte de croissance, c'est de reconnaître une autre couleur chez toi… que tu n'as jamais osé activer.

2. MBTI : Le langage de l'esprit

Tu as sûrement déjà entendu quelqu'un dire :

"Je suis INFJ."
ou
"Moi, je suis clairement un extraverti intuitif."

Et si tu as déjà eu la tête qui chauffe avec ces lettres un peu ésotériques, tu n'es pas seul.

Le **MBTI** (Myers-Briggs Type Indicator) est l'un des outils de connaissance de soi les plus répandus dans le monde avec le DISC — mais aussi l'un des plus **mal compris**.

Alors remettons les choses au clair :

Le MBTI, c'est quoi ?

C'est une **typologie basée sur les travaux de Carl Jung**, reprise et modélisée par Isabel Briggs Myers et sa mère dans les années 1940.

Il repose sur **4 axes** qui croisent nos préférences naturelles dans la manière :

- De **se ressourcer** (E ou I),
- De **percevoir** (S ou N),
- De **décider** (T ou F),
- De **s'organiser** (J ou P).

Résultat : **16 types de personnalité** qui combinent ces préférences.

Les 4 dimensions du MBTI

Axe	Choix possibles	Signification
Énergie	**E** (Extraversion) ou **I** (Introversion)	Où je recharge mes batteries
Perception	**S** (Sensation) ou **N** (iNtuition)	Comment je perçois les infos
Décision	**T** (Thinking) ou **F** (Feeling)	Comment je prend mes décisions
Structure/ Organisation	**J** (Jugement) ou **P** (Perception)	Mon rapport au temps, à l'action, au plan

Exemple : un **ENFP** est une personne extravertie, intuitive, qui décide avec le cœur, et aime l'improvisation.

-

Le MBTI ne dit pas **ce que tu fais**, mais **comment tu penses**.
Il décrit ton **architecture mentale**.
Pas tes compétences, ni ton intelligence, ni ta stabilité émotionnelle.
Juste… ta manière naturelle d'être au monde.

Et c'est ce qui le rend **aussi précieux**… et aussi piégeux.

Parce que mal utilisé, le MBTI devient une étiquette.
Bien utilisé, il devient une **boussole intérieure**.

MBTI : Les 4 axes décryptés (avec des exemples concrets)

Tu veux comprendre ton type MBTI ? Commence par **les 4 axes**.
C'est comme les fondations de ta maison mentale.

Voici chaque paire opposée, avec une explication claire
et **des exemples de terrain.**

E / I - Extraversion vs Introversion

Où tu vas chercher ton énergie

E – Extraverti : se recharge au contact des autres, pense en parlant, aime les environnements vivants.

"J'ai besoin de sortir voir du monde pour rebooster ma tête."

I – Introverti : se recharge dans le calme, pense avant de parler, préfère les échanges profonds aux grands groupes.

"Laisse-moi réfléchir, je reviens avec une idée claire."

Tu peux être sociable ET introverti.
L'extraversion ici, c'est **l'origine de l'énergie**, pas ton degré de sociabilité.

S / N - Sensation vs Intuition

Comment tu captes l'information

S – Sensation : aime les faits concrets, les expériences réelles, le présent.

"Donne-moi les détails, je veux voir comment ça marche vraiment."

N – iNtuition : pense en concepts, capte les patterns, imagine le futur.

"J'ai une idée ! Et si on repensait tout autrement ?"

Les S sont dans le "ce qui est".
Les N sont dans le "ce qui pourrait être".

T / F - Thinking vs Feeling

Comment tu prends tes décisions

T – Pensée : cherche la logique, l'objectivité, l'efficacité.

"Ce choix est le plus cohérent. Même si ce n'est pas populaire."

F – Sentiment : prend en compte les valeurs, l'impact humain, l'harmonie.

"Je sens que ce n'est pas juste. Je veux que ce soit bon pour tous."

Les T décident avec la tête.
Les F décident avec le cœur.
<u>Et les deux sont valables.</u>

J / P - Jugement vs Perception

Ton rapport à l'organisation et à l'action

J - Jugement : aime les plans, les décisions claires, la structure.

"J'ai déjà booké l'hôtel pour les vacances de l'année prochaine."

P - Perception : préfère l'improvisation, l'adaptabilité, les options ouvertes.

"On verra sur place ! J'aime quand les choses se font au feeling."

Les J clôturent.
Les P explorent.

En résumé : Le MBTI ne dit pas ce que tu fais, mais **comment tu préfères fonctionner** quand tu n'as pas à faire d'effort.

Les 16 types MBTI : 4 grandes familles

Tu as maintenant les 4 axes du MBTI : E/I – S/N – T/F – J/P.
En les combinant, tu obtiens **16 types de personnalité**.

Mais pas de panique : on peut les regrouper en **4 grandes familles**, avec chacune un **moteur central**.

Les Analystes (NT) – Vision + Logique

Types : **INTJ, INTP, ENTJ, ENTP**

Leur truc : comprendre, construire, innover.

Ils aiment : la stratégie, la clarté mentale, les idées nouvelles.

Ce qu'ils fuient : la routine, les règles absurdes, la superficialité.

Les Diplomates (NF) – Idéal + Relation

Types : **INFJ, INFP, ENFJ, ENFP**

Leur truc : inspirer, relier, accompagner.

Ils aiment : les grandes causes, l'humain, le sens profond.

Ce qu'ils fuient : la froideur, l'injustice, l'hypocrisie.

Les Sentinelles (SJ) – Structure + Stabilité

Types : **ISTJ, ISFJ, ESTJ, ESFJ**

Leur truc : organiser, sécuriser, préserver.

Ils aiment : l'ordre, la loyauté, le concret.

Ce qu'ils fuient : le chaos, l'imprévu, l'insécurité.

Les Explorateurs (SP) – Action + Flexibilité

Types : **ISTP, ISFP, ESTP, ESFP**

Leur truc : agir, expérimenter, vivre l'instant.

Ils aiment : l'autonomie, le fun, les défis.

Ce qu'ils fuient : la routine, les contraintes, les cases.

On va maintenant plonger dans chaque type, 4 par 4, avec **des portraits vivants, concrets, nuancés**, pour que tu puisses te reconnaître (ou reconnaître les autres).

Portraits MBTI – Les Analystes

INTJ – L'Architecte

Visionnaire, stratégique, indépendant.
Pense dix coups à l'avance, adore les plans brillants.
Peut paraître froid, mais cherche juste à créer un système qui marche.

"Laisse-moi faire à ma façon, tu verras à la fin."

INTP – Le Penseur

Curieux, logique, toujours en train de décortiquer le monde.
Pose des questions aux questions. Déteste les évidences.
Oublie parfois qu'il a un corps, ou un agenda.

"Pourquoi on fait ça comme ça ? Et si on essayait autre chose ?"

ENTJ – Le Stratège

Leader naturel, structuré, ambitieux.
Organise, planifie, avance. S'impatiente vite face au flou.
Excellent pour diriger… s'il apprend à écouter.

"On y va. Je prends le lead. C'est clair ?"

ENTP – L'Explorateur d'idées

Créatif, stimulant, imprévisible.
A des idées à la seconde, et une énergie qui déborde.
Commence mille choses. S'ennuie vite.

"Et si on cassait les codes, juste pour voir ?"

Portraits MBTI – Les Diplomates

INFJ – Le Conseiller
Profond, idéaliste, stratégique.
Il voit ce que les autres ne voient pas et ressent ce que les autres ne disent pas.
Aime comprendre l'humain et bâtir un monde plus juste, dans l'ombre.
"Je veux aider... mais je veux aussi qu'on me comprenne sans que j'aie à tout expliquer."

INFP – Le Rêveur engagé

Sensible, créatif, loyal à ses valeurs.
Peut paraître doux... mais à l'intérieur, c'est un volcan d'idéal et de convictions.
A besoin de sens et de cohérence entre ce qu'il fait et ce qu'il est.
"Je ne peux pas faire semblant. Je dois croire à ce que je fais."

ENFJ – Le Mentor

Chaleureux, charismatique, motivant.
Il repère le potentiel des autres et cherche à le révéler.
S'oublie parfois pour aider les autres

ENFP – Le Créatif inspiré

Enthousiaste, curieux, débordant d'idées.
Cherche des connexions humaines et intellectuelles partout.
Aime rêver grand, créer du lien et vivre intensément.

"Et si on faisait un projet qui change la donne ? Viens, on y va !"

Ces profils sont les champions de **l'empathie**, de la **vision**, de la **transformation humaine**.
Mais ils doivent parfois apprendre à poser des limites, à gérer leur énergie, et à ne pas tout prendre à cœur.

Portraits MBTI – Les Sentinelles

ISTJ – Le Logisticien

Sérieux, méthodique, fiable.
Il aime les choses bien faites, les règles claires et les responsabilités assumées.
Il peut paraître rigide, mais il tient debout quand tout s'écroule.
"Je fais ce que je dis, et je dis ce que je fais."

ISFJ – Le Gardien

Protecteur, discret, attentif.
Il veille sur les autres sans bruit, avec une profonde loyauté.
Il donne beaucoup, parfois trop, sans toujours demander en retour.
"Tant que les gens que j'aime vont bien, je tiens le coup."

ESTJ – Le Manager

Organisé, franc, structurant.
Il prend les choses en main, prend les décisions, et veut que ça roule droit.
Il aime quand chacun connaît son rôle et que les choses avancent.
"On a un plan. On suit le plan. Point."

ESFJ – L'Hôte

Chaleureux, sociable, responsable.
Il aime s'occuper des autres, créer du lien, et maintenir l'harmonie.
Son piège : faire passer les besoins des autres avant les siens.
"Je veux que tout le monde se sente bien — quitte à m'oublier un peu."

Les Sentinelles sont les piliers d'un monde qui fonctionne.
Elles maintiennent l'ordre, portent les traditions, s'assurent que les bases sont solides.
Mais elles peuvent parfois avoir du mal avec le changement ou l'incertitude.

Portraits MBTI – Les Explorateurs

ISTP – Le Bricoleur logique

Observateur, calme, ultra-efficace.
Il comprend comment les choses fonctionnent, démonte, reconstruit.
Il déteste le blabla inutile et préfère agir sans se faire remarquer.
"Laisse-moi faire. J'ai déjà trouvé la solution pendant que tu parlais."

ISFP – L'Artiste discret

Sensible, adaptable, authentique.
Il vit à travers ses valeurs, mais ne les impose à personne.
Aime la beauté, le concret, les petites attentions vraies.
"Je veux juste vivre en accord avec ce que je ressens."

ESTP – Le Performeur

Spontané, rapide, charismatique.
Il adore l'adrénaline, les défis, les situations où il faut réagir vite.
Il pense en bougeant, agit en observant, vit intensément.
"Tu veux qu'on teste ça ? Allez, maintenant."

ESFP – L'Animateur

Chaleureux, fun, dans l'instant.
Il capte l'ambiance, cherche à faire plaisir, et adore créer des moments de vie.
Il déteste s'ennuyer, et cherche à rendre chaque journée inoubliable.
"Viens, on fait un truc fou. Juste pour voir jusqu'où ça peut aller."

Les Explorateurs sont des expérimentateurs de la vie.
Ils apportent du mouvement, du réalisme, de l'intuition concrète.
Leur défi ? Gérer la discipline, la prévisibilité, et les responsabilités à long terme.

MBTI & comportement : Pourquoi tu ne ressembles pas toujours à ton type

Tu as peut-être lu la description de ton type MBTI...
Et tu t'es dit :

"Ouais, c'est un peu moi... mais pas tout à fait."
Ou pire :
"Moi ? ESFP ? Jamais de la vie."

C'est normal. Et c'est une des grandes **subtilités du MBTI** :
Ce modèle décrit tes **préférences naturelles**... pas ton comportement visible à chaque instant.

Ce que tu fais VS ce que tu es naturellement

Tu peux être **introverti** et paraître extraverti dans ton métier.
Tu peux être **intuitif** et avoir appris à te fier aux faits parce que ton job l'exige.
Tu peux être **sentimental** mais cacher tes émotions pour éviter de paraître faible.
Tu peux être **perceptif** et pourtant ultra organisé... parce que la vie te l'impose.

Ce que tu montres, c'est ton **style "adapté"**.
Ce que le MBTI cherche à révéler, c'est ton **style "préféré"**, celui qui te recharge, qui te ressemble au fond.

L'environnement te modèle… parfois trop

On joue tous des rôles :

- Tu peux te sur-adapter pour répondre aux attentes.

- Tu peux t'être construit des réflexes de survie dans un monde qui valorise certaines fonctions (comme l'action, la logique, le charisme…).

- Tu peux même avoir oublié qui tu es vraiment parce que tu as passé ta vie à "faire comme il faut".

Mais ton **profil MBTI profond**, lui, ne disparaît pas.
Il se cache. Il attend. Et souvent, il ressort **dans les moments de calme, d'authenticité… ou de crise.**

Le but du MBTI n'est pas de te coller une étiquette

C'est de te permettre de **revenir à toi-même**,
de comprendre **pourquoi certaines choses te fatiguent**,
et d'oser t'autoriser à fonctionner **selon ton vrai câblage**.

DISC vs MBTI : comportements vs cognition

Maintenant que tu connais le **DISC** et le **MBTI**, tu te demandes peut-être :

"Mais… c'est quoi la différence entre les deux ? Et comment je peux les relier ?"

Très bonne question. Et la réponse tient en une phrase :

Le DISC parle de ce que tu fais.
Le MBTI parle de comment tu penses.

Autrement dit :

- Le **DISC** te montre **ton style observable de comportement**, surtout en groupe ou dans l'action.

- Le **MBTI** te révèle **ta manière naturelle de percevoir, réfléchir et décider**, dans ta vie intérieure.

Les deux sont **complémentaires**.

DISC vs MBTI – Le tableau des différences clés

Critère	DISC	MBTI
Ce que ça mesure	Comportement visible	Préférences mentales
Origine	William Marston (1920)	Carl Jung, Meyers & Briggs (1940)
Objectif	Mieux communiquer/ Intéragir	Mieux se comprendre/ Orienter ses choix
Nombre de profils	4 couleurs/ lettre principales (Et leurs combinaisons jusqu'à 36)	16 types
Utilisé en priorité pour	Leadership, Management, Équipe	Coaching, Orientation, Introspection
Visible par les autres ?	Oui, très souvent	Non, sauf si exprimé clairement
Stable dans le temps ?	Variable selon contexte/ Stress	Assez stable (mais évolutif avec la maturité)

Et pourtant... ils se croisent !

Tu peux être :

- **Un I au DISC (Influent)** et un **ENFP** au MBTI : sociable, créatif, enthousiaste.

- **Un C au DISC (Conforme)** et un **ISTJ** au MBTI : structuré, logique, factuel.

- **Un D au DISC (Dominant)** et un **ENTJ** : fonceur, stratège, orienté résultats.

- **Un S au DISC (Stable)** et un **ISFJ** : calme, loyal, attentif aux autres.

Mais parfois... **ça ne colle pas. Et c'est là que c'est intéressant.**

Tu peux très bien être :

- **Un Rouge au DISC** (comportement appris) et un **INFP** au MBTI: (nature intérieure très douce).

- **Un Bleu au DISC** (besoin de cadre visible) et un **ENFP** au MBTI : qui pense en feu d'artifice à l'intérieur.

Résumé :

Le DISC, peut-être un **masque social** (pas négatif hein — c'est ce que tu montres).
Le MBTI, c'est ton **architecture mentale** (ce qui se passe en coulisses).

3. PNL : Ton cerveau, ton filtre, ta carte du monde

Tu crois que tu vois la réalité telle qu'elle est ?
Spoiler : non.

Tu vois la **réalité filtrée par ton cerveau**.
Par tes expériences, ton éducation, tes émotions, tes croyances, ton humeur du jour…
Et c'est exactement ce que la **PNL (Programmation Neuro-Linguistique)** met en lumière.

La PNL, c'est quoi ?

Un modèle né dans les années 70 aux États-Unis, avec un objectif simple mais génial :

Comprendre comment les gens qui réussissent à communiquer, à changer, à influencer… font.

Elle ne cherche pas à expliquer **le pourquoi** de ton comportement, mais **le comment** :

- Comment tu traites l'information
- Comment tu transformes tes pensées en langage
- Comment ton cerveau programme ton corps (et inversement)

Et surtout… comment tu peux **reprogrammer ce système**.

Le triptyque magique de la PNL :

1. **Neuro**   ton système nerveux filtre l'info en continu

2. **Linguistique**   ton langage reflète (et renforce) tes pensées

3. **Programmation**   tu peux changer un schéma… si tu identifies le bon "code"

En gros, la PNL te dit :

"Tu as une carte du monde… mais ce n'est pas le monde.
Et si ta carte te bloque, on peut la mettre à jour."

La force de la PNL ?

Elle est **ultra-pratique**.
Tu peux l'utiliser pour :

- Améliorer ta communication
- Changer une habitude
- Sortir d'un blocage
- Gérer une émotion
- Mieux écouter (toi et les autres)

Pas besoin de croire, d'analyser ton passé ou de méditer 2 heures :
La PNL, c'est du **concret**. Ça agit vite. Ça change la donne.

PNL & filtres mentaux : Pourquoi deux personnes ne voient jamais la même chose

Tu vis une situation.
Ton collègue vit exactement la même.
Et pourtant... vous n'en retirez **ni la même émotion, ni la même conclusion.**

Pourquoi ? Parce que vous n'avez **pas les mêmes filtres mentaux.**
Et en PNL, ces filtres sont la base de tout.

"Nous ne réagissons pas à la réalité,
mais à la **représentation** que nous nous faisons de la réalité."

C'est puissant, non ?

Ton cerveau filtre la réalité en 3 étapes :

1. **Omission**   Tu ne perçois qu'une partie de l'info.
Tu vois ce qui t'arrange, ce qui t'intéresse, ce qui t'alerte.

2. **Distorsion**   Tu interprètes selon ton vécu, tes émotions, ton cadre.
"S'il ne m'a pas répondu, c'est qu'il m'en veut."

3. **Généralisation**   Tu extrapoles à partir d'une expérience.
"De toute façon, les gens sont toujours comme ça."

Résultat ?
Ce que tu appelles "réalité"... est une **reconstruction mentale.**
Une carte du monde. La tienne. Pas celle des autres.

En PNL, on parle aussi de systèmes de représentation :

- Les **visuels** : pensent en images, parlent vite, aiment la clarté.
- Les **auditifs** : sensibles au ton, au rythme, à la logique verbale.
- Les **kinesthésiques** : connectés aux sensations, parlent lentement, ressentent fort.
- Les **digitaux** : très cérébraux, verbaux, structurés.

Devine quoi ? Ce que tu valorises dépend de ton système dominant.

-

L'intérêt ?

Quand tu repères **le filtre de l'autre**, tu communiques mieux.
Tu **t'adaptes sans te trahir.**

Et tu arrêtes de prendre personnellement les réactions incompréhensibles.

Parce que si l'autre ne voit pas comme toi… c'est pas qu'il ne veut pas.
C'est juste qu'il **ne peut pas.**

PNL & langage : Les mots que tu utilises révèlent comment tu penses

Tu veux savoir comment une personne pense ?
Écoute ce **qu'elle dit**.
Mais surtout **comment** elle le dit.

En PNL, le langage est une **porte d'entrée vers la carte du monde de l'autre**.
Chaque mot trahit une perception, une émotion, une croyance.

Les mots sont des indices

- "Je **dois** faire ça."   Obligation. Où est le choix ? Qui l'impose ?

- "Je **suis nul** avec les chiffres."   Identité figée. Pourquoi pas "je galère *encore*" ?

- "Ça m'arrive **tout le temps**."   Généralisation. Vraiment tout le temps ?

- "Il **me stresse**."   Attribution externe. Et toi, tu fais quoi dans l'histoire ?

Ces formulations automatiques **révèlent des schémas inconscients**.
Et tant qu'on ne les remet pas en question, on les répète.

Les mots sont des indices

Type de distorsion	Exemples	Ce que ça révèle
Généralisation	"Toujours", "Jamais", "Personne"	Une croyance limitante
Suppression	"Je suis fatigué" (sans cause)	Une émotion ou une info caché
Distorsion	"Je pense que je suis nul"	Une interprétation, pas un fait
Obligation	"Je dois", "Il faut, "On doit"	Une pression extérieure ressentie
Identité figée	"Je suis comme ça"	Une croyance verrouillée

Et si on changeait les mots ?

- "Je dois   Je choisis de"
- "Je suis nul   Je suis en train d'apprendre"
- "Il me stresse   Je ressens du stress face à lui"
- "C'est comme ça   Et si c'était autrement ?"

Ce ne sont pas que des formules de développement perso.
Ce sont des **reprogrammations mentales**.
Changer les mots, c'est **changer l'histoire que tu te racontes**.

Et quand tu changes ton histoire… tu changes ton comportement, ton énergie, tes résultats.

PNL & recadrage : Transformer une croyance limitante en opportunité

"Je suis trop sensible."
"Je n'arrive jamais à terminer ce que je commence."
"Je ne suis pas fait pour parler en public."

Tu reconnais ce genre de phrases ?
Ce sont des **croyances limitantes.**
Des petites vérités qu'on répète si souvent qu'elles deviennent des **lois invisibles...**
Et finissent par **guider nos actions, bloquer nos élans et construire nos plafonds de verre.**

Mais en PNL, on a une arme redoutable pour ça : le **recadrage.**

C'est quoi, recadrer ?

C'est simplement **regarder la même situation à travers un autre cadre.**
Pas pour nier la réalité.
Mais pour en changer le **sens, la valeur, l'énergie.**

"Ce que tu perçois comme un défaut peut devenir une force... dans un autre contexte."

Deux types de recadrage simples :

1. Recadrage de contexte

Tu dis : "Je parle trop."
Je te demande : "Dans quelles situations, parler beaucoup est un atout ?"

Dans une présentation, une vente, un podcast ?
Boum. Ton "défaut" devient un **talent... dans le bon cadre.**

2. Recadrage de sens

Tu dis : "Je suis trop sensible."
Je te propose : "Et si ta sensibilité était ton **capteur émotionnel**, ton super-pouvoir pour ressentir ce que d'autres ne perçoivent pas ?"

Même comportement. **Nouveau sens. Nouvelle énergie.**

Exemples concrets :

Croyance limitante	Recadrage possible
"Je suis trop lent."	"Je prends le temps de bien faire les choses."
"Je suis trop exigeant."	"Je vise l'excellence."
"Je me disperse trop."	"J'ai une pensée riche et créative, à canaliser."
"Je n'ai pas confiance en moi."	"Je suis en train d'apprendre à me faire confiance."

Le recadrage, ce n'est pas du déni.
C'est une **ouverture**. Une autorisation à voir autrement.

Et parfois... **ça suffit à débloquer tout le reste.**

PNL & ancrages : Installer un état ressource en 10 secondes

Tu sais ces moments où tu aimerais être **plus confiant, plus calme, plus concentré**... mais ton cerveau fait le contraire ?

Bonne nouvelle : tu peux **reprogrammer ton état intérieur en quelques secondes**, grâce à une technique PNL puissante et accessible : **l'ancrage.**

C'est quoi, un ancrage ?

C'est le **lien entre une émotion et un stimulus.**

Un son, une odeur, un geste, un mot... qui te fait instantanément revivre une émotion passée.

Tu entends une chanson = tu revois ton premier amour.
Tu sens une odeur = tu te revois dans la cuisine de ton enfance.
C'est ça, un ancrage naturel (Une madeleine de Proust)

En PNL, on **crée ces ancrages volontairement**, pour pouvoir **accéder à un état ressource à la demande.**

Exemple : Installer un ancrage de confiance

1. **Choisis ton état** : confiance, calme, énergie, focus, etc.

2. **Souviens-toi d'un moment précis** où tu as ressenti ça très fort. (Vis-le à nouveau dans ta tête : ce que tu voyais, entendais, ressentais.)

3. **Quand l'émotion monte à son pic**, ajoute un **stimulus physique** que tu ne fais pas d'habitude (ex : presser 2 doigts ensemble, poser une main sur ton cœur, te toucher le poignet...).

4. **Relâche.** Et recommence 2 ou 3 fois pour ancrer plus fort.

Plus tard, **refais ce geste** ton cerveau reconnectera automatiquement avec l'état associé.

Tu peux te créer :

Un **ancrage énergie** avant de prendre la parole.

Un **ancrage calme** avant de dormir.

Un **ancrage focus** pour travailler en total concentration.

Et ça ne prend que quelques secondes.

Pro tips :

Plus l'émotion est intense au moment de l'ancrage, plus il est efficace.

Tu peux "recharger" un ancrage quand tu ressens à nouveau l'état.

Ne fais pas ton ancrage avec un geste que tu fais souvent (ex : croiser les bras).

Tu n'es pas obligé de subir ton état.
Tu peux **le déclencher, l'installer, le choisir.**

Et ça, c'est un super pouvoir !

4 - Insight Discovery : Quand la personnalité rencontre l'émotion

Imagine un modèle qui relie **la puissance du DISC, la profondeur du MBTI, et la subtilité émotionnelle d'un langage couleur.**
Tu obtiens : **Insight Discovery.**

Basé sur les travaux de **Carl Jung**, comme le MBTI, l'Insight propose une lecture **plus intuitive**, plus fluide, et parfois **plus parlante** pour ceux qui fonctionnent en émotion, en relation et en perception.

Les 4 couleurs Insight : des énergies, pas des cases

Ici, pas de lettres, pas de type en 4 lettres.
Juste **4 couleurs,** qui représentent des **types d'énergie comportementale et émotionnelle :**

Couleur	Style natuel	Moteur profond	Style de communication
Rouge/ Feu	Direct, orienté action	Volonté d'avoir un impact	Rapide, affirmé, centré objectif
Jaune/ Soleil	Enthousiaste, relationnel	Besoin de reconnaissance et de lien	Expressif, chaleureux, inspirant
Vert/ Calme	Patient, à l'écoute	Recherche d'harmonie et de stabilité	Doux, rassurant, proche des gens
Bleu/ Glace	Analytique, structuré	Besoin de précision et de clareté	Posé, logique, factuel

Tu n'es pas **qu'une seule couleur** : tu as les **4 en toi,** mais **à des niveaux différents.**

**Insight parle de combinaisons de couleurs.
Par exemple :**

- Un "Rouge / Jaune" sera énergique, motivant et orienté résultat.

- Un "Bleu / Vert" sera posé, méthodique et centré sur la qualité des relations.

- Un "Jaune / Vert" apportera de la joie tout en prenant soin des autres.

Ce que l'Insight t'apporte :

1. Une **lecture simple** et instinctive de toi-même et des autres.

2. Une **connexion directe avec l'émotionnel** (pas juste le comportement).

3. Une **approche dynamique** : ta couleur peut varier selon le contexte, ton énergie, ton rôle.

4. Une **porte d'entrée relationnelle** ultra puissante : pour manager, vendre, coacher, aimer.

Et ce que ça change dans ta vie ?

- Tu **comprends pourquoi certaines personnes te fatiguent**... et d'autres te rechargent.

- Tu **adaptes ton style** à celui de l'autre sans te perdre toi-même.

- Tu repères plus vite ce qui **crée du lien, ou de la tension**.

- Tu mets des **mots simples** sur des choses complexes : "il est très rouge aujourd'hui", "elle est en mode bleu", "je dois activer mon vert ici."

Insight vs DISC / MBTI : Les ponts

Insight	DISC	MBTI
Rouge	**D** (Dominant)	ENTJ, ESTJ, parfois ESTP
Jaune	**I** (Influent)	ENFP, ENFJ, ESFP
Vert	**S** (Stable)	ISFJ, INFP, ISFP
Bleu	**C** (Conforme)	ISTJ, INTJ, ISTP

Là où le DISC te montre ce que tu fais,
l'Insight te révèle **d'où tu pars émotionnellement**.
Et le MBTI te dit **comment tu penses**.

Insight, c'est **l'émotion dans l'action**.
C'est **le ressenti dans le comportement**.

C'est le modèle parfait pour relier ce que tu **fais**, ce que tu **ressens**, et ce que tu **provoques** chez les autres.

Portraits Insight : Quand les couleurs se combinent

Tu n'es pas **qu'une couleur**.
Tu es un **mélange vivant**, une **harmonie (ou un contraste)** de plusieurs énergies.

Et c'est ça qui rend le modèle Insight si riche :
Il permet de **comprendre la dynamique intérieure** d'une personne, pas juste son "style social".

Voici quelques **portraits combinés** pour t'aider à te situer (et repérer les autres) :

Rouge – Jaune : Le fonceur charismatique

- Mène, inspire, motive.

- Aime décider… et embarquer tout le monde dans l'aventure.

- Il est énergique, expressif, parfois écrasant.

"On y va, ça va être génial. J'ai déjà un plan."

Atout : dynamise un groupe, challenge les blocages.
Piège : peut parler trop vite, oublier d'écouter.

Bleu – Vert : Le protecteur discret

- Calme, logique, rassurant.

- Prend soin des autres… mais avec méthode.

- Il observe, planifie, et agit quand il est prêt.

"Je veux être sûr que tout soit bien fait, sans brusquer personne."

Atout : sécurise, structure, fidélise.
Piège : peut avoir du mal à décider ou à s'adapter dans l'urgence.

Jaune – Vert : Le connecteur bienveillant

- Chaleureux, attentif, rassembleur.
- Aime que tout le monde se sente bien.
- Il fait passer le message avec douceur et optimisme.

"Viens, on va le faire ensemble. Je veux que ce soit fluide pour toi."

Atout : crée du lien, désamorce les tensions.
Piège : s'oublie, dit oui trop souvent, évite les conflits.

Rouge – Bleu : Le stratège efficace

- Orienté objectif… mais avec rigueur.
- Exigeant, précis, structuré. Il veut que ça avance ET que ce soit bien fait.

"On ne fonce pas tête baissée. On réfléchit, puis on fonce droit."

Atout : solide en décision, puissant en exécution.
Piège : peu de patience pour les émotions et l'impro.

Tu peux avoir les 4 couleurs…

Mais toujours dans un **ordre spécifique.**
Exemple : tu peux être "Jaune dominant", "Vert secondaire", "Bleu en soutien" et "Rouge faible" — et ce mélange crée **ton style unique.**

Insight ne te met pas dans une boîte.
Il te donne **une boussole émotionnelle.**
Et ça change tout.

5. L'ennéagramme : Nos motivations profondes

Tu sais ce que tu fais.
Tu sais comment tu réagis.
Mais... sais-tu **pourquoi tu fais ce que tu fais** ?

C'est là que **l'ennéagramme** entre en scène.
C'est un modèle de personnalité **ancien et puissant**, qui ne décrit pas ton comportement...
mais ce qui se cache **derrière** :

Ta peur fondamentale,
Ton besoin inconscient,
Ta motivation profonde.

D'où ça vient ?

Le mot "**ennéagramme**" vient du grec *ennea* (neuf) et *gramma* (dessin).
Le modèle représente **9 types de personnalités**, chacun lié à :

- une **peur fondamentale**,
- un **désir central**,
- un **mécanisme de défense**,
- et un **chemin d'évolution possible**.

C'est un outil de **transformation personnelle** plus que de typologie sociale.

Ce que l'ennéagramme t'apporte :

- Il met en lumière **ta stratégie de survie psychologique**.

- Il t'aide à comprendre **tes automatismes inconscients**.

- Il éclaire **ce que tu évites à tout prix**, et ce que tu cherches sans le savoir.

- Et surtout... il te montre **comment en sortir**, en grandissant.

Les 9 profils de l'ennéagramme (aperçu rapide) :

Type	Nom souvent donné	Motivation profonde
1	Le perfectionniste	Être bon, juste, irréprochable
2	L'aidant	Être aimé et indispensable
3	Le performeur	Être reconnu, admiré, utile
4	L'original	Être unique, authentique, profond
5	L'observateur	Être compétent, en sécurité, indépendant
6	Le loyaliste	Être soutenu, protégé, rassuré
7	L'épicurien	Éviter la souffrance, vivre intensément
8	Le protecteur	Être fort, contrôler son monde
9	Le médiateur	Être en paix, éviter le conflit et la tension

L'ennéagramme est **moins "cool"** que le DISC ou le MBTI.
Il te confronte. Il te parle **de ta peur centrale**, pas de ton style.

Mais il t'ouvre une porte :
Celle de **voir ton comportement non comme une façade, mais comme une stratégie de survie émotionnelle.**

Les 9 types de l'Ennéagramme : Portraits vivants & chemins d'évolution

Tu veux savoir ce qui **te pousse à agir**, même sans que tu t'en rendes compte ?
Ce qui **te fait réagir, t'épuise ou t'obsède** ?

Voici les 9 types de l'ennéagramme — ou plutôt, **9 stratégies intérieures** que chacun adopte **pour se sentir en sécurité dans le monde.**
Tu es un mix... mais il y a un **type principal** qui pilote ton monde.
Celui qui revient encore et encore dans tes automatismes.

Le Perfectionniste (Type 1)

Motivation : être bon, moral, irréprochable.
Peur : être mauvais, défaillant.
Comportement : exigeant, rigoureux, autocritique.
Ressent profondément l'injustice, veut améliorer les choses.

Son chemin : lâcher le besoin de tout contrôler, apprendre à accepter l'imperfection (chez lui et chez les autres).

L'Aidant (Type 2)

Motivation : être aimé en étant utile.
Peur : ne pas être nécessaire, être rejeté.
Comportement : généreux, chaleureux, parfois envahissant.
Oublie ses propres besoins pour s'occuper des autres.

Son chemin : s'aimer sans condition, poser des limites, recevoir autant que donner.

Le Performeur (Type 3)

Motivation : être admiré pour ses réussites.
Peur : être inutile, sans valeur.
Comportement : efficace, ambitieux, adaptable... parfois trop.
Risque de s'identifier à son image.

Son chemin : ralentir, se reconnecter à qui il est au-delà de ce qu'il fait.

L'Individuel / L'Artistique (Type 4)

Motivation : être unique, profond, authentique.
Peur : être banal, sans identité.
Comportement : sensible, créatif, mélancolique.
Cherche l'intensité émotionnelle, parfois en s'isolant.

Son chemin : valoriser ce qui est là, sortir du manque, s'ancrer dans le présent.

L'Observateur (Type 5)

Motivation : comprendre, garder son autonomie.
Peur : être envahi, vidé, incompétent.
Comportement : distant, analytique, très cérébral.
Se coupe du monde pour préserver son énergie.

Son chemin : s'ouvrir, partager, expérimenter, vivre plutôt qu'analyser.

Le Loyaliste (Type 6)

Motivation : se sentir en sécurité.
Peur : être abandonné, trahi.
Comportement : prudent, loyal, anxieux.
Anticipe les problèmes... parfois à l'excès.

Son chemin : développer la confiance en soi et en la vie, ne pas tout prévoir.

L'Épicurien (Type 7)

Motivation : éviter la douleur, vivre pleinement.
Peur : être enfermé, souffrir, manquer.
Comportement : joyeux, curieux, distrait.
Sa fuite, c'est l'excès.

Son chemin : rester présent à l'instant, accueillir aussi l'inconfort.

Le Protecteur (Type 8)

Motivation : rester fort, ne pas être dominé.
Peur : être vulnérable, manipulé.
Comportement : direct, puissant, protecteur ou destructeur.
Cache souvent une grande sensibilité.

Son chemin : accueillir la douceur, montrer ses failles sans les subir.

Le Médiateur (Type 9)

Motivation : préserver la paix intérieure et extérieure.
Peur : le conflit, la rupture, le rejet.
Comportement : conciliant, paisible, effacé.
Tendance à s'oublier pour ne pas déranger.

Son chemin : s'affirmer, prendre position, exister pleinement.

L'Ennéagramme n'est pas là pour te définir.
Il est là pour **te réveiller**, te montrer où tu tournes en rond...
et surtout, comment **sortir de l'automatisme pour retrouver ta liberté**.

Ennéagramme & comportement : Pourquoi on agit sans s'en rendre compte

Tu ne t'es jamais demandé pourquoi tu réagis **toujours de la même manière** dans certaines situations ?
Pourquoi, malgré tous tes efforts, tu retombes dans **les mêmes schémas** ?
Pourquoi certains trucs t'énervent ou t'angoissent... alors qu'ils laissent les autres totalement indifférents ?

La réponse est souvent là :

Tu n'agis pas **contre ta volonté**...
Tu agis **sous l'effet d'un automatisme profond** que tu ne vois même pas.
Et l'ennéagramme est là pour **te révéler ce pilote invisible.**

Derrière chaque comportement... un moteur caché

Un type 2 (l'Aidant) qui donne tout à tout le monde...
Ne le fait pas juste par générosité.
Il le fait aussi parce qu'il **croit qu'il doit être utile pour mériter d'être aimé.**

Un type 3 (le Performeur) qui enchaîne les succès...
Ne le fait pas juste par ambition.
Il le fait parce qu'il **a peur que sa valeur dépende de ses résultats.**

Un type 9 (le Médiateur) qui évite tout conflit...
Ne le fait pas juste parce qu'il est cool.
Il le fait parce qu'il **a peur que le conflit le fasse disparaître.**

Et toi ?

Qu'est-ce que tu fais... pour éviter de toucher ta peur centrale ?

La prise de conscience change tout

Quand tu commences à repérer ces **automatismes inconscients**, tu peux :

- **Sortir du mode pilotage automatique**

- **Choisir tes réactions** au lieu de les subir

- **Voir les autres avec plus de compassion** : eux aussi fonctionnent avec leurs peurs

- Et surtout... **t'alléger**

Tu n'as plus besoin de jouer un rôle.
Tu peux **rester toi-même**, sans être prisonnier de ton "type".

-

L'ennéagramme, c'est comme une carte au trésor :
Il ne te dit pas où aller.
Mais il te montre **où tu t'enfermes**... et comment en sortir.

Ennéagramme & évolution : Comment chaque type peut se transformer

Tu n'es pas ton type.
Tu es **l'histoire que tu te racontes**... pour survivre, pour aimer, pour exister.

Et cette histoire, tu peux **la réécrire**.

C'est tout l'intérêt de l'Ennéagramme :

Il ne te dit pas "qui tu es", il te montre **où tu bloques... et comment t'en libérer.**

Chaque type a son **point fixe** (la peur, la croyance centrale),
mais aussi son **point d'ouverture** : le moment où tu dis "stop" à ton automatisme,
et où tu choisis **une autre voie**. Une voie plus libre. Plus consciente. Plus alignée.

Les clés d'évolution par type :

Type	Croyance inconsciente	Clé d'évolution
1 - Le perfectionniste	"Si je ne fais pas les choses parfaitement, je ne vaux rien."	Lâcher le contrôle. Accepter l'imperfection comme partie du vivant.
2 - L'aidant	"Je dois être indispensable pour qu'on m'aime."	S'occuper de soi. Oser recevoir autant que donner.
3 - Le performeur	"Ma valeur dépend de mes résultats."	Se reconnecter à l'authenticité. Être sans faire.
4 - L'original	"Je suis différent, donc incompris."	Se stabiliser dans le réel. Valoriser ce qui est là.
5 - L'observateur	"Je dois me protéger du monde pour survivre."	S'ouvrir à l'expérience. Faire confiance à la vie.
6 - Le loyaliste	"Je ne peux pas me fier à moi-même."	Développer la foi en soi. Agir même dans le doute.
7 - L'épicurien	"Si je m'arrête, je souffrirai."	Rester présent. Accueillir aussi l'inconfort.
8 - Le protecteur	"Si je montre ma vulnérabilité, je suis faible."	Ouvrir le cœur. Trouver la force dans la douceur.
9 - Le médiateur	"Si je m'affirme, je crée le conflit."	Exister pleinement. Oser déranger. Prendre position.

Grandir, ce n'est pas devenir quelqu'un d'autre

C'est devenir **toi... sans la peur au volant**.
C'est mettre de la lumière là où tu fonctionnais dans l'ombre.
C'est vivre plus aligné, plus léger, plus libre.

L'ennéagramme est un modèle de vérité...
... mais surtout un **modèle d'éveil**.

6 - Profils croisés et profils atypiques – Quand on ne rentre dans aucune case

Tu viens d'explorer plusieurs outils :
DISC, PNL, Insight, MBTI, Ennéagramme…

Et peut-être que tu as ressenti quelque chose d'étrange :

"Je me reconnais un peu partout… mais jamais complètement."
"Je suis plusieurs profils à la fois."
"Je change selon le contexte, l'ambiance, le moment…"

Bonne nouvelle : c'est normal.
Et surtout : **c'est sain.**

Pourquoi nous sommes tous des mélanges

Chaque outil décrit **un angle de ton fonctionnement** :

- Ton comportement visible
- Tes filtres de perception
- Tes motivations profondes
- Ton style de communication
- Ton type d'énergie cognitive

Mais toi, tu es **un tout vivant.**
Pas une addition froide.
Une combinaison mouvante, subtile, adaptative.

Les principales raisons pour lesquelles les profils se croisent :

- **L'adaptabilité** : tu n'es pas la même personne en famille, au travail ou seul.

- **Le développement personnel** : tu as appris à équilibrer des zones que tu n'avais pas naturellement.

- **Les contextes émotionnels** : sous stress ou en sécurité, ton profil s'ajuste.

- **La richesse intérieure** : multipotentialité, hypersensibilité, neurodivergence créent des profils plus complexes.

Résultat : ton DISC peut être Jaune-Vert, ton MBTI un ENFP structuré, ton Ennéagramme hésiter entre 9 et 4…

Et tout cela est **parfaitement cohérent.**

Repérer ton profil croisé

Pose-toi quelques questions :

- Est-ce que je réagis toujours de la même façon, quel que soit le contexte ?

- Est-ce que je me sens "tiré" entre plusieurs tendances intérieures ?

- Est-ce que certaines étiquettes me paraissent parfois réductrices ?

Si oui…
Bienvenue dans la vraie vie intérieure.

Ton profil est vivant, pas figé

Un jour, tu peux te sentir :

Dynamique et fonceur (Rouge, Colérique)

Le lendemain, plus réfléchi et réservé (Bleu, Mélancolique)

Pas parce que tu es instable.
Parce que tu es riche.

Ce que tu vas découvrir dans les chapitres suivants — les éléments, les énergies — **va t'aider à voir ces mouvements non pas comme des incohérences... mais comme une harmonie naturelle.**

-

Tu n'as pas à rentrer dans une case. Tu es une **palette mouvante**. Ton profil est **une musique**, pas une photo figée.
Et si tu l'écoutais, vraiment, pour la première fois ?

-

À suivre : l'exploration des **4 éléments fondamentaux**...
Pour comprendre comment ton énergie se structure **bien au-delà des typologies classiques.**

PARTIE 2 : Les racines anciennes et symboliques

1. Les 4 éléments : Une sagesse ancestrale au cœur de tous les modèles

Depuis toujours, les êtres humains ont observé la nature pour se comprendre.
Et au cœur de cette observation, une vérité simple et puissante :
Tout dans le vivant repose sur l'équilibre de **4 forces fondamentales**.

- Le **Feu**
- L'**Eau**
- L'**Air**
- La **Terre**

Ces éléments ne sont pas des métaphores poétiques.
Ce sont des **mouvements intérieurs**. Des **dynamiques psychiques**, des **archétypes vivants**.

Et ils se retrouvent, **sous une forme ou une autre, dans tous les modèles modernes de connaissance de soi**.

Le Feu — L'énergie d'action, de création, de volonté

Énergie brute : agit, transforme, bouscule, initie.

Émotion associée : colère, passion, intensité.

Excès : impulsivité, domination, impatience.

Manque : passivité, frustration, résignation.

–

Ce que tu sens quand le Feu est actif en toi :

"Il faut que ça bouge. Là. Maintenant."
"Je veux provoquer un impact."

–

Reflété dans les autres modèles :

DISC : Rouge (Dominant)

MBTI : ENTJ, ESTP, ESTJ

Insight : Rouge feu

Ennéagramme : Type 8 (Le Protecteur), Type 3 (Le Performeur)

PNL : canal kinesthésique rapide, ancrage moteur

L'Eau — L'émotion, l'intuition, la connexion

Énergie fluide : ressent, absorbe, comprend en profondeur.

Émotion associée : tristesse, douceur, nostalgie, empathie.

Excès : hypersensibilité, dépendance émotionnelle, confusion.

Manque : froideur, coupure, rigidité.

—

Ce que tu sens quand l'Eau est présente:

"Je me connecte à ce que je ressens... et à ce que tu ressens."
"Ce qui compte, c'est la qualité du lien."

—

Reflété dans les autres modèles :

DISC : Vert (Stable)

MBTI : ISFJ, INFP, ENFJ

Insight : Vert calme

Ennéagramme : Type 2 (L'Aidant), Type 4 (L'Original), Type 9 (Le Médiateur)

PNL : canal kinesthésique lent, langage sensoriel, ancrage émotionnel

L'Air — L'idée, la légèreté, la pensée en mouvement

Énergie de l'esprit : questionne, invente, imagine, conceptualise.

Émotion associée : légèreté, surprise, créativité, détachement.

Excès : dispersion, instabilité, bavardage, superficialité.

Manque : rigidité mentale, fermeture, manque de vision.

-

Ce que tu sens quand l'Air s'exprime:

"Et si on faisait autrement ?"
"J'ai une idée !"
"Je veux comprendre, connecter, transmettre."

-

Reflété dans les autres modèles :

DISC : Jaune (Influent)

MBTI : ENFP, ENTP, INTP

Insight : Jaune soleil

Ennéagramme : Type 7 (L'Épicurien), Type 5 (L'Observateur)

PNL : canal auditif ou visuel, langage abstrait, méta-programmes "possibilités"

La Terre — La stabilité, la matérialisation, l'ancrage

Énergie de soutien : structure, organise, planifie, sécurise.

Émotion associée : calme, sérénité, prudence.

Excès : rigidité, résistance au changement, conservatisme.

Manque : instabilité, volatilité, perte de repères.

-

Ce que tu sens quand la Terre est dominante :

"On avance, mais posément. Une chose après l'autre."
"Il faut des bases solides, sinon ça ne tiendra pas."

-

Reflété dans les autres modèles :

DISC : Bleu (Conforme)

MBTI : ISTJ, ISFJ

Insight : Bleu glace

Ennéagramme : Type 1 (Le Perfectionniste), Type 6 (Le Loyaliste)

PNL : canal visuel ou auditif logique, langage concret, méta-programmes "procédure", "sécurité"

Comment les 4 éléments t'aident vraiment :

1. **Identifier ton déséquilibre du moment**
Trop de Feu = agitation, conflits.
Trop d'Eau = fatigue, confusion.
Trop d'Air = idées sans suite.
Trop de Terre = blocage, surcontrôle.

2. **Adapter ton énergie au contexte**
Plus de Feu pour décider.
Plus d'Eau pour écouter.
Plus d'Air pour créer.
Plus de Terre pour concrétiser.

3. **Mieux comprendre les autres**
Tu n'as pas affaire à des "personnalités chiantes"...
Tu as affaire à **des éléments différents du tien**, en tension ou en complémentarité.

-

Les éléments sont un langage universel.
Ils traduisent ton énergie du moment, ton tempérament naturel, ton besoin profond.
Ils sont **la passerelle idéale entre l'intuition et les modèles rationnels.**

Et si tu regardes bien...
DISC, MBTI, Ennéagramme, Insight, PNL : **ils disent tous la même chose... avec des mots différents.**

Les éléments, eux, **parlent à ton corps, à ton instinct, à ta symbolique intérieure.**

Profils élémentaires : Les 4 forces incarnées

Tu as maintenant découvert les 4 éléments dans leur symbolique. Mais comment les **reconnaître dans la vraie vie** ?
Comment repérer **quand tu es dominé par l'un d'eux**, ou quand quelqu'un fonctionne sur une autre fréquence que toi ?

Voici **4 portraits vivants**, un pour chaque élément.
Lis-les comme des **archétypes**.
Tu n'es jamais 100 % l'un d'eux... mais tu en portes sûrement un **dominant**, ou un **secondaire actif** selon le contexte.

Le Profil Feu – Le Leader Passionné

"Je fonce. J'ai une vision. Je veux transformer le monde."

Style : direct, intense, impatient, inspirant.

Forces : décide vite, motive, prend des risques, trace la route.

Failles : coupe les autres, manque d'empathie, fatigue tout le monde (y compris lui-même).

Relations : attire, challenge, peut écraser sans le vouloir.

Chemin d'équilibre : écouter, temporiser, créer avec au lieu d'imposer.

Tu le reconnais chez : des dirigeants, des entrepreneurs, des sportifs, des activistes.

Le Profil Eau – Le Connecteur Émotionnel

"Je ressens tout. Et j'ai besoin que ce soit vrai, profond, fluide."

Style : doux, empathique, mystérieux, instable parfois.

Forces : sent ce que les autres ne disent pas, inspire confiance, soigne les liens.

Failles : s'oublie, fusionne, dramatise, absorbe les humeurs ambiantes.

Relations : rassure, enveloppe, se perd parfois dans les besoins des autres.

Chemin d'équilibre : poser ses limites, sortir du fantasme, s'ancrer dans l'action.

Tu le reconnais chez : les artistes, thérapeutes, amis sensibles, personnes intuitives ou effacées.

Le Profil Air – Le Créatif Nomade

"J'ai mille idées. Et je veux comprendre comment tout fonctionne."

Style : vif, drôle, stimulant, inconstant.

Forces : visionnaire, inspirant, flexible, rapide d'esprit.

Failles : papillonne, fuit l'émotion, déteste l'ennui, oublie le concret.

Relations : amuse, éclaire, désarçonne parfois par manque de présence réelle.

Chemin d'équilibre : incarner ses idées, ralentir, s'engager.

Tu le reconnais chez : les créatifs, les enseignants inspirants, les communicants, les rêveurs.

Le Profil Terre – Le Bâtisseur Serein

"Je suis là. Je tiens. Je structure. Je fais en sorte que ça dure."

Style : calme, rigoureux, fiable, lent à démarrer.

Forces : ancre, organise, protège, concrétise.

Failles : résiste au changement, craint l'inconnu, juge facilement ceux qui sortent du cadre.

Relations : soutient, rassure, peut devenir rigide ou distant.

Chemin d'équilibre : s'ouvrir à la nouveauté, alléger, faire confiance au mouvement.

Tu le reconnais chez : les gestionnaires, les figures parentales, les piliers de groupe, les experts précis.

En toi, il y a un peu de chacun de ces profils...

Mais l'un d'eux domine dans tes réactions **spontanées**, ton énergie **quotidienne**, tes **ressources naturelles**.
Et parfois, c'est **un élément que tu as mis de côté**... qui demande à revenir.

La vraie force vient de **l'équilibre des 4** :
Agir (Feu), Ressentir (Eau), Penser (Air), Matérialiser (Terre).

2 - Les 5 éléments asiatiques : Une autre lecture du mouvement intérieur

Quand on parle des **éléments** en Asie, on ne parle pas simplement de matière (comme en Occident),
on parle d'**énergie en mouvement.**
Le modèle chinois repose non pas sur 4, mais **5 éléments** :

- Bois
- Feu
- Terre
- Métal
- Eau

Ici, chaque élément n'est **pas figé dans un tempérament,** mais représente un **processus vivant.**
Un cycle. Une transformation.
Et chacun interagit avec les autres dans un **équilibre dynamique.**

Un modèle cyclique, pas linéaire

Les 5 éléments asiatiques sont liés par **deux grands cycles** :

Cycle de génération (Sheng) :
Eau   Bois   Feu   Terre   Métal   Eau
Chaque élément **nourrit** le suivant.

Cycle de contrôle (Ke) :
l'Eau **éteint** le Feu
le Feu **fait fondre** le Métal
Le Métal **coupe** le Bois
le Bois **pousse dans** la Terre
la Terre **absorbe** l'Eau
Chaque élément **régule** un autre pour éviter les excès.

C'est un système **auto-régulé,** comme le vivant.
Et donc aussi... **comme toi.**

Bois – L'élan de croissance

- **Saison** : printemps
- **Mouvement** : jaillir, s'étendre
- **En toi** : ambition, planification, colère, frustration
- **Émotion associée** : colère (lorsque empêché de croître)
- **Corps** : foie, tendons, vision

  Bois = j'ai une vision, je veux avancer, pousser, créer.

Feu – L'expression, la chaleur, la joie

- **Saison** : été
- **Mouvement** : expansion, rayonnement
- **En toi** : enthousiasme, communication, excitation, surchauffe
- **Émotion associée** : joie (ou agitation excessive)
- **Corps** : cœur, vaisseaux sanguins, langue

  Feu = je vis pleinement, je veux me montrer, vibrer, aimer.

Terre – Le centre, l'ancrage, la digestion (au sens large)

- **Saison** : intersaisons
- **Mouvement** : stabilisation, transformation
- **En toi** : recentrage, rumination, souci, soin
- **Émotion associée** : inquiétude, empathie
- **Corps** : rate, estomac, muscles

Terre = je digère ce que je vis, je centre, je nourris, je construis.

Métal – La rigueur, le cadre, le discernement

- **Saison** : automne
- **Mouvement** : contraction, purification
- **En toi** : structure, exigence, détachement, deuil
- **Émotion associée** : tristesse
- **Corps** : poumons, peau, gros intestin

Métal = je trie, je mets des limites, je respire, je lâche.

Eau – La profondeur, le silence, la réserve

- **Saison** : hiver
- **Mouvement** : concentration, intériorisation
- **En toi** : peur, volonté, sagesse, repos
- **Émotion associée** : peur (ou calme absolu)
- **Corps** : reins, os, oreilles

Eau = je me recentre, j'économise mon énergie, je vais à l'essentiel.

À quoi ça sert pour toi ?

- Comprendre **dans quel mouvement tu es bloqué** ou en excès (ex : trop de Bois = tension, trop de Métal = rigidité)
- Observer ton **rythme intérieur selon les saisons** ou les périodes de ta vie
- Développer un regard **plus organique sur tes émotions et ton énergie**
- Équilibrer ton quotidien : **nourrir le cycle** au lieu de le casser

Lien avec les autres modèles

Élément Asiatique	Élément Occidental	DISC	MBTI	Insight	Émotions dominantes
Bois	Air + Feu	D/ I	ENTJ, ENTP, ENFJ	Rouge	Frustration/ Colère
Feu	Feu + Air	I	ENFP, ESFP	Jaune	Joie/ Excitation
Terre	Terre	S/ C	ISFJ, ISTJ, ISFP	Vert	Enquiétude/ Empathie
Métal	Terre + Air	C	INTJ, ISTP	Bleu	Tristesse/ Besoin d'ordre
Eau	Eau	S	INFP, INFJ	Vert	Peur/ Sagesse/ Retrait

Le système des 5 éléments te donne une **lecture dynamique** de ton état intérieur.
Pas une case : une **énergie en mouvement**.

Et si tu apprends à danser avec ce cycle…
Tu redeviens **maître de ton énergie**.

Profils vivants des 5 éléments asiatiques

Chaque élément n'est pas une case, mais une **fréquence intérieure**, une **manière d'exister dans le monde**.
Tu portes les 5... mais l'un ou deux sont souvent **dominants** dans ton énergie, ton style, tes réactions.

Voici 5 portraits types pour te repérer.

Le profil Bois – Le Stratège Visionnaire

"Je veux avancer, grandir, m'élever. Rien ne doit m'arrêter."

- **Énergie dominante** : expansion, direction, croissance

- **Qualités** : moteur, organisé, courageux, constructif

- **Comportement** : planifie, agit vite, décide pour atteindre un objectif clair

- **En déséquilibre** : colère explosive, rigidité mentale, pression interne constante

- **Relation au monde** : veut réorganiser, changer, structurer ce qui ne fonctionne pas

- **Chemin d'équilibre** : apprendre à fléchir, ralentir, écouter avant d'agir

Évoque : un manager exigeant, un entrepreneur ambitieux, un sportif de haut niveau

Le profil Feu – L'Expressif Rayonnant

"Je veux vivre, vibrer, aimer, briller. Et qu'on vive ça ensemble."

- **Énergie dominante** : expression, chaleur, joie
- **Qualités** : charismatique, communicatif, inspirant
- **Comportement** : parle avec passion, bouge vite, cherche l'intensité
- **En déséquilibre** : agitation, superficialité, épuisement émotionnel
- **Relation au monde** : veut créer du lien, de la fête, de la lumière
- **Chemin d'équilibre** : apaiser l'intérieur, cultiver la joie durable et non dépendante

Évoque : un animateur, un comédien, un commercial enthousiaste, un orateur charismatique

Le profil Terre – Le Nourricier Ancré

"Je prends soin, je rassure, je soutiens. Je crée du durable."

- **Énergie dominante** : stabilisation, recentrage, soin

- **Qualités** : patient, généreux, rassurant, fiable

- Comportement : écoute profondément, veut être utile, offre de la structure

- **En déséquilibre** : rumination, anxiété, sur-responsabilité

- **Relation au monde** : cherche à pacifier, harmoniser, porter les autres

- **Chemin d'équilibre** : poser des limites, se recentrer sur ses propres besoins

Évoque : un thérapeute, un professeur bienveillant, un parent pilier, un coordinateur loyal

Le profil Métal – Le Sage Structuré

"Je veux que chaque chose soit à sa place. J'honore ce qui a du sens."

- **Énergie dominante** : structure, pureté, intériorité
- **Qualités** : précis, intègre, esthétique, sélectif
- **Comportement** : parle peu mais juste, trie, analyse, garde ce qui est essentiel
- **En déséquilibre** : rigidité, froideur, critique intérieure ou extérieure
- **Relation au monde** : veut rendre les choses justes, ordonnées, alignées
- **Chemin d'équilibre** : s'ouvrir à l'imprévu, vivre dans le présent plus que dans l'exigence

Évoque : un artisan du détail, un philosophe, un juge, un moine, un designer perfectionniste

Le profil Eau – Le Silencieux Profond

"Je veux comprendre le fond des choses. Et préserver mon énergie vitale."

- **Énergie dominante** : intériorisation, sagesse, profondeur
- **Qualités** : calme, endurant, intuitif, mystérieux
- **Comportement** : observe beaucoup, parle peu, avance en silence
- **En déséquilibre** : peur, retrait, isolement, figement
- **Relation au monde** : capte l'invisible, recherche du sens, préserve ses ressources
- **Chemin d'équilibre** : oser se montrer, sortir du gel, faire confiance à la vie

Évoque : un chercheur, un moine, un introverti spirituel, un guérisseur discret

En toi, tous ces archétypes existent.

Mais souvent, **tu te relies à un ou deux éléments dominants**, et **tu es en tension avec ceux que tu n'as pas développé.**

- Trop de Bois sans Eau ? Tu t'épuises.
- Trop de Feu sans Terre ? Tu t'éparpilles.
- Trop de Terre sans Air ? Tu t'enfermes.
- Trop de Métal sans Feu ? Tu te refroidis.
- Trop d'Eau sans Bois ? Tu stagnes.

-

Le vrai art, c'est de **jouer avec ces énergies**, comme une musique intérieure.
De les reconnaître chez toi. De les inviter quand tu en manques.
Et d'accepter que **la sagesse n'est jamais figée.**
Elle est en mouvement.

3 - Les 4 tempéraments d'Hippocrate : Quand la médecine devient psychologie

Bien avant Freud, Jung ou Marston,
il y avait... Hippocrate.
Oui, le père de la médecine occidentale.
Mais aussi, sans le vouloir, l'un des **premiers typologues du comportement humain.**

Il avait observé que notre santé — physique et mentale — **dépendait de quatre humeurs fondamentales, liées à des fluides du corps.**
Et que selon leur dominance, chacun développait un tempérament unique.

Ces 4 tempéraments ont traversé les siècles.
On les retrouve dans la pédagogie, la spiritualité, la médecine traditionnelle...

Et surtout : dans tous les outils modernes, parfois sous d'autres noms.

En toi, tous ces archétypes existent.

Tempérament	Élément associé	Énergie dominante	Humeur/ Fluide
Colérique	Feu	Actif + Extraverti	Bile Jaune
Sanguin	Air	Actif + Sociable	Sang
Flegmatique	Eau	Calme + Relationnel	Phlegme (mucus)
Mélancolique	Terre	Calme + Introspectif	Bile noire

Chaque tempérament représente une manière de fonctionner, une relation au monde, au temps, à l'émotion, à la pensée.

Le Colérique – L'impulsif dirigé

- **Énergie** : feu intérieur, direction, ambition
- **Style** : rapide, sûr de lui, autoritaire
- **Forces** : décide, avance, transforme
- **Risques** : colère, intolérance, solitude

"Je veux. Je sais. Je fonce."

Le Sanguin – Le joyeux communicant

- **Énergie** : lenteur, douceur, prudence
- **Style** : discret, calme, loyal
- **Forces** : paisible, fiable, patient
- **Risques** : passivité, évitement, inertie

"Je prends le temps. Je soutiens. Je reste."

Le Flegmatique – Le pacifique intérieur

- **Énergie** : lenteur, douceur, prudence
- **Style** : discret, calme, loyal
- **Forces** : paisible, fiable, patient
- **Risques** : passivité, évitement, inertie

"Je prends le temps. Je soutiens. Je reste."

Le Mélancolique – Le profond structuré

- **Énergie** : réflexion, exigence, introspection
- **Style** : réservé, analytique, sensible
- **Forces** : structuré, lucide, précis
- **Risques** : perfectionnisme, pessimisme, repli

"Je ressens. Je pense. J'analyse."

Un langage ancestral... encore actuel

Tu viens de lire ces descriptions et tu t'es reconnu(e) ?
Normal.

Car ces 4 tempéraments sont encore très présents aujourd'hui, sous forme de :

- Couleurs/ Lettre DISC
- **T**ypes MBTI
- **S**tyles Insight
- Profils Ennéagramme
- Éléments énergétiques

Les tempéraments d'Hippocrate sont la racine commune de tous ces outils modernes.

Et mieux encore :

Tu n'es pas un seul tempérament.
Tu es une alchimie unique de ces **4 énergies**, selon le contexte, l'âge, le moment de vie.

Les tempéraments incarnés : Portraits vivants et combinaisons

Tu connais maintenant les 4 tempéraments d'Hippocrate.
Mais comment les **repérer dans la vraie vie** ?
Comment sentir **le mélange** qui t'anime toi, ou celui qui anime les autres ?

Voici une plongée dans **les profils vivants**, avec leurs forces, leurs pièges et leur dynamique relationnelle.
Lis-les comme des **personnages archétypaux**, présents **en chacun de nous**... à différents degrés.

Le Colérique – Le Commandant intérieur

"Je suis là pour avancer. Pas pour discuter 3 heures."

- **Comportement** : rapide, affirmé, orienté résultats

- **Style relationnel** : direct, exigeant, difficilement influençable

- **Émotions dominantes** : agacement, impatience, fierté

- **Forces** : moteur, courage, clarté

- **Fragilités** : manque d'écoute, tendance au contrôle

  Tu le reconnais chez : les leaders naturels, les entrepreneurs pressés, les ados explosifs.

Le Sanguin – L'Enchanteur social

"Allez, viens ! On verra bien ce que ça donne, l'important c'est d'essayer !"

- **Comportement** : extraverti, éparpillé, magnétique
- **Style relationnel** : ouvert, bavard, tactile
- **Émotions dominantes** : joie, excitation, peur de l'ennui
- **Forces** : enthousiasme, inspiration, adaptabilité
- **Fragilités** : superficialité, oubli des détails, instabilité émotionnelle

   Tu le reconnais chez : les animateurs, les enfants curieux, les commerciaux solaires.

Le Flegmatique – Le Pacificateur tranquille

"On va y arriver, mais tranquillement. Y'a pas le feu."

- **Comportement** : discret, constant, à l'écoute
- **Style relationnel** : doux, disponible, consensuel
- **Émotions dominantes** : sérénité, fatigue, inquiétude silencieuse
- **Forces** : fidélité, stabilité, bon sens
- **Fragilités** : difficulté à dire non, évitement du conflit, inertie

   Tu le reconnais chez : les collègues toujours calmes, les amis loyaux, les grands-parents posés

Le Mélancolique – L'Analyste sensible

"Je veux comprendre. En profondeur. Et bien faire, surtout."

- **Comportement** : réfléchi, rigoureux, intérieur
- **Style relationnel** : réservé, prudent, hyper sensible
- **Émotions dominantes** : tristesse, lucidité, exigence
- **Forces** : analyse, précision, loyauté
- **Fragilités** : perfectionnisme, repli, critique (de soi et des autres)

Tu le reconnais chez : les artistes introvertis, les analystes silencieux, les enfants hypersensibles.

Tu n'es pas qu'un seul tempérament

Tu peux être :

- **Colérique + Mélancolique** : exigeant avec toi et les autres, visionnaire mais rigide

- **Sanguin + Flegmatique** : drôle et doux, sociable sans être envahissant

- **Colérique + Sanguin** : ultra dynamique, créatif, mais instable émotionnellement

- **Flegmatique + Mélancolique** : calme, profond, mais parfois bloqué dans l'indécision

Le secret, c'est d'identifier ton **dominant naturel**, mais aussi de repérer **le tempérament que tu n'as pas développé** (et qui pourrait t'équilibrer).

4 - L'astrologie : Le Zodiaque comme miroir de nos dynamiques internes

Oublie les horoscopes de magazines.
L'astrologie, la vraie, n'est pas là pour te prédire ta journée...
Elle est là pour **décrypter les archétypes** qui vivent en toi.

C'est une carte symbolique de ton ciel intérieur.
Une lecture **multi-dimensionnelle** de ce que tu es venu expérimenter dans cette vie.

Elle relie :

- La **psychologie** (via les signes, maisons et aspects)

- Le **mythe** (via les planètes, les dieux, les cycles)

- La **cyclicité naturelle** (via les saisons, les éléments, les phases)

Ta carte natale : bien plus que ton "signe"

Quand tu dis "je suis Cancer" ou "je suis Verseau", tu ne parles que de ton **Soleil**.
Mais l'astrologie moderne regarde **l'ensemble du ciel au moment de ta naissance** :

- **Soleil** : ton identité, ton énergie vitale, ton "je suis"
- **Lune** : ton monde émotionnel, ton inconscient, tes besoins profonds
- **Ascendant** : ton masque social, ta manière d'entrer en relation
- **Vénus** : ta façon d'aimer, de séduire, de créer
- **Mars** : ton énergie d'action, ton feu intérieur
- **Mercure** : ta communication, ton intelligence, ton style mental
- Et ainsi de suite, jusqu'à **Pluton** (transformation, pouvoir, inconscient collectif)

Ta carte du ciel est une photographie énergétique du moment où tu as inspiré pour la première fois.

Les 4 éléments astrologiques

Oui, encore eux !
L'astrologie repose elle aussi sur **les 4 éléments occidentaux** :

Élément	Signes associés	Nature de l'énergie
Feu	Bélier, Lion, Sagittaire	Volonté, Passion, Intuition active
Air	Gémeaux, Balance, Verseau	Idées, Échanges, Lien mental
Terre	Taureau, Vierge, Capricorne	Réalité, Structure, Matière, Sécurité
Eau	Cancer, Scorpion, Poissons	Émotion, Imagination, Empathie

Chaque élément représente une **manière de vivre le monde**, et chaque signe exprime cette énergie à sa façon.

Par exemple : le Feu du Bélier n'est pas le même que le Feu du Sagittaire.

Archétypes, pas personnalités

L'astrologie ne dit pas *qui tu es* de façon figée.
Elle te montre les **forces qui cohabitent en toi**, parfois en harmonie, parfois en tension.
Elle te parle de ton **terrain psychique**, pas de ton scénario final.

Un thème astral n'est pas une sentence.
C'est une **carte d'exploration**.

Et les ponts les plus courants avec les autres outils ?

Astrologie	DISC	MBTI	Insight	Éléments	Énergie dominante
Bélier	Rouge	ESTP	Rouge	Feu	Action, Impulsion
Taureau	Bleu	ISFJ	Vert	Terre	Stabilité, Plaisir
Gémeaux	Jaune	ENFP	Jaune	Air	Parole, Mouvement
Cancer	Vert	INFP	Vert	Eau	Émotion, protection
Lion	Rouge	ENFJ	Jaune	Feu	Brillance, Autorité
Vierge	Bleu	ISTJ	Bleu	Terre	Détails, Méthode
Balance	Jaune	ENTP	Jaune	Air	Esthétique, Lien, Doute
Scorpion	Bleu	INTJ	Bleu	Eau	Profondeur, Stratégie
Sagittaire	Rouge	ENFP	Jaune	Feu	Expansion, Foi
Capricorne	Bleu	ISTJ	Bleu	Terre	Structure, Discipline
Verseau	Jaune	INTP	Jaune	Air	Rébellion, Vision
Poissons	Vert	INFJ	Vert	Eau	Fusion, Compassion

L'astrologie est une **grille symbolique**, qui relie l'humain à l'univers, le présent à la mémoire, le "moi" à plus grand que soi.

Elle ne t'enferme pas. Elle t'**éclaire**.

Les 12 signes astrologiques : Portraits vivants et archétypes incarnés

Tu n'es pas **un signe**.
Tu es **un ciel entier**.
Mais ton Soleil, ton Ascendant, ta Lune ou tes planètes dominantes **colorent ton énergie.**

Voici les 12 signes du zodiaque comme **12 personnages intérieurs**.
Lis-les comme des **archétypes**, pas comme des boîtes.
Chacun d'eux est un **chemin possible, une vibration, un élan.**

BÉLIER – Le Pionnier

"Je fonce. Je démarre. Je suis né pour l'action."

- **Énergie** : impulsion, courage, mouvement

- **Forces** : audacieux, direct, motivant

- **Risques** : impatience, égo, agressivité

- Élément : **Feu cardinal**

- **Archétype** : guerrier, éclaireur, enfant divin

TAUREAU – Le Bâtisseur

"Je stabilise. Je savoure. Je crée du concret."

- **Énergie** : ancrage, lenteur, sensualité

- **Forces** : fiable, sensuel, persévérant

- **Risques** : rigidité, entêtement, attachement au confort

- Élément : **Terre fixe**

- **Archétype** : jardinier, artisan, gardien

GÉMEAUX – Le Messager

"Je connecte. Je m'adapte. Je veux comprendre."

- **Énergie** : mouvement, échange, curiosité
- **Forces** : vif, sociable, intelligent
- **Risques** : superficialité, inconstance, dispersion
- Élément : **Air mutable**
- **Archétype** : conteur, étudiant, clown sacré

CANCER – Le Protecteur

"Je ressens. Je nourris. Je veux un foyer."

- **Énergie** : émotion, sécurité, soin
- **Forces** : tendre, protecteur, intuitif
- **Risques** : susceptibilité, dépendance, repli
- Élément : **Eau cardinal**
- **Archétype** : mère, guérisseur, gardien du passé

LION – Le Rayonnant

"Je brille. Je crée. Je veux inspirer."

- **Énergie** : cœur, affirmation, loyauté
- **Forces** : généreux, charismatique, joueur
- **Risques** : orgueil, besoin d'attention, autoritarisme
- Élément : **Feu fixe**
- **Archétype** : roi, artiste, enfant solaire

VIERGE – La Précise

"Je trie. J'améliore. Je veux servir."

- **Énergie** : méthode, utilité, justesse
- **Forces** : pratique, analytique, fiable
- **Risques** : perfectionnisme, critique, anxiété
- Élément : **Terre mutable**
- **Archétype** : guérisseur, artisan, analyste

BALANCE – L'Harmoniseur

"Je relie. J'équilibre. Je cherche la beauté."

- **Énergie** : relation, justesse, esthétique
- **Forces** : diplomate, élégant, équitable
- **Risques** : indécision, dépendance affective, évitement du conflit
- Élément : Air cardinal
- **Archétype** : juge, médiateur, danseur

SCORPION – Le Transformateur

"Je ressens tout. Et je vais au fond des choses."

- **Énergie** : intensité, vérité, pouvoir
- **Forces** : loyal, intuitif, profond
- **Risques** : jalousie, manipulation, obsession
- Élément : **Eau fixe**
- **Archétype** : alchimiste, chaman, enquêteur

SAGITTAIRE – L'Explorateur

"Je cherche. Je voyage. Je veux grandir."

- **Énergie** : expansion, quête de sens, liberté
- **Forces** : enthousiaste, philosophe, visionnaire
- **Risques** : arrogance, fuite, dogmatisme
- Élément : **Feu mutable**
- **Archétype** : nomade, sage, enseignant

CAPRICORNE – Le Stratège

"Je construis. J'assume. Je vise loin."

- **Énergie** : structure, ambition, responsabilité
- **Forces** : discipliné, digne, endurant
- **Risques** : dureté, isolement, froideur
- Élément : **Terre cardinal**
- **Archétype** : patriarche, architecte, gardien du temps

VERSEAU – Le Visionnaire

"Je pense autrement. Je veux libérer."

- **Énergie** : innovation, indépendance, collectif
- **Forces** : original, solidaire, brillant
- **Risques** : détachement, provocation, rigidité mentale
- Élément : **Air fixe**
- **Archétype** : rebelle, inventeur, penseur futuriste

POISSONS – Le Mystique

"Je ressens tout. Je suis tout. Je rêve d'unité."

- **Énergie** : fusion, foi, imagination
- **Forces** : empathique, artistique, spirituel
- **Risques** : fuite, confusion, sacrifice de soi
- Élément : **Eau mutable**
- **Archétype** : poète, médium, rêveur sacré

En toi, plusieurs signes vivent.
Mais certains sont **dominants** : ton Soleil, ta Lune, ton Ascendant… ou ta planète forte.

Et si tu t'autorisais à les **faire dialoguer**, au lieu de choisir entre eux ?

L'astrologie, bien utilisée, ne te limite pas.
Elle te **reconnecte à ton potentiel le plus profond… et te montre comment le déployer**.

Les planètes : symboles, énergies et archétypes universels

Les planètes, en astrologie, ne sont pas juste des astres dans le ciel. Elles sont des **archétypes vivants**, des **forces d'expression** qui façonnent ta manière :

- de penser,
- d'aimer,
- d'agir,
- de te transformer...

Chaque planète représente **une fonction psychique**.
Et selon sa position dans ton thème natal, elle s'exprime avec plus ou moins d'intensité, de fluidité ou de tension.

Tu peux les voir comme des **acteurs dans le théâtre de ta vie**. Chaque planète a un **rôle précis**, une **voix unique**, une **quête intérieure**.

Le Soleil – Qui je suis en train de devenir

- **Énergie** : vitalité, ego sain, affirmation de soi
- **Archétype** : le roi, le héros, le cœur
- **But** : rayonner, incarner son individualité

Lien avec les **outils** : ta couleur **DISC** dominante (style naturel), ton type **MBTI** (base d'identité), ton **élément** Feu

La Lune – Ce que je ressens, ce dont j'ai besoin pour me sentir en sécurité

- **Énergie** : émotions, mémoire, intuition, besoin fondamental
- **Archétype** : la mère, l'enfant intérieur, le refuge
- **But** : ressentir, nourrir, se sentir chez soi (en soi)

Lien avec **l'Ennéagramme** (besoins cachés), **Insight** (élément Vert), **PNL** (ancrage émotionnel)

L'Ascendant – Comment j'entre dans le monde

- **Énergie** : style d'approche, première impression, filtre relationnel
- **Archétype** : le masque, le corps, la manière d'agir spontanée
- **But** : interagir, s'adapter, se relier

Lien avec ton comportement observable **DISC**, **Insight** ou ton style comportemental "adapté"

Mercure – Comment je pense et communique

- **Énergie** : logique, parole, écriture, réflexion
- **Archétype** : le messager, le scribe, le mental
- **But** : comprendre, connecter, transmettre

   Lien avec le canal **PNL** auditif / visuel, l'AIR, **MBTI** T/F et N/S, **DISC** jaune/bleu

Vénus – Comment j'aime, ce qui m'attire, ce qui me touche

- **Énergie** : action, pulsion, courage, énergie sexuelle
- **Archétype** : le guerrier, le moteur, le conquérant
- **But** : affirmer, conquérir, trancher

   Lien avec **DISC** rouge, profil dominant, types 8 ou 1 de **l'Ennéagramme**, énergie **Feu**

Jupiter – Où j'expanse, crois, enseigne

- **Énergie** : confiance, foi, croissance, ouverture
- **Archétype** : le sage, l'enseignant, le guide
- **But** : évoluer, transmettre, élargir sa vision

   Lien avec les types **explorateurs** (MBTI ENFP, ENTP), **DISC** jaune, **Insight** rouge/jaune, **PNL** future pacing

Saturne – Où je structure, résiste, prends mes responsabilités

- **Énergie** : cadre, discipline, exigence, temps
- **Archétype** : le maître, le bâtisseur, le juge intérieur
- **But** : apprendre par l'effort, ancrer, poser des limites

Lien avec **DISC** bleu, **Insight** bleu/terre, types 1, 5 et 6, énergie **Terre**

Uranus – Ce que je révolutionne

- **Énergie** : liberté, innovation, rupture
- **Archétype** : le rebelle, le génie, le hacker
- **But** : casser les normes, créer du neuf

Lien avec **MBTI** INTP / ENTP, **Air Feu**, profils disruptifs ou atypiques

---

Neptune – Ce que je perçois au-delà du visible

- **Énergie** : spiritualité, intuition, art, rêve
- **Archétype** : le mystique, le poète, le visionnaire
- **But** : fusionner, s'élever, transcender l'ego

Lien avec types 4 et 9 (**ennéagramme**), profils **Eau**, **Insight** vert très élevé, **PNL** symbolique

> **Pluton – Ce que je transforme profondément**
>
> - **Énergie** : pouvoir, inconscient, mort et renaissance
> - **Archétype** : le chaman, le gardien des ombres, l'alchimiste
> - **But** : transmuter, purifier, révéler la vérité brute
>
>   Lien avec types 8 et 5, **INTJ**, profils **Feu/Eau**, recadrage **PNL** profond

Ces planètes sont **des voix intérieures**.
Parfois conscientes, souvent refoulées, toujours actives.

Les écouter, c'est reprendre le dialogue avec **toutes les dimensions de ton être**.

Et dans un modèle intégratif... c'est la **passerelle parfaite entre l'intuition, le symbolique et la psychologie moderne**.

PARTIE 3 : Les ponts invisibles

1. DISC & Tempéraments : L'art de repérer les énergies dominantes

Tu as découvert les profils DISC.
Tu viens de plonger dans les tempéraments d'Hippocrate.
Et peut-être que tu te dis :

"Ils se ressemblent, non ?"
Oui.
Et non.

Ils **se recoupent**... mais **ne parlent pas du même niveau** de ton identité.

C'est comme observer **la vague (DISC)**...
et comprendre **la marée qui la pousse (Tempéraments)**.

DISC = le comportement observable

- Ce que tu **montres** aux autres
- Ce que tu **fais** naturellement, ou ce que tu **as appris à faire**
- Ce que les gens peuvent **décrire de toi** sans forcément te connaître en profondeur

    "Il est rapide", "Elle est hyper organisée", "Il aime le contact", etc.

    Le DISC mesure ton style d'action dans un contexte donné.

Tempérament = le terrain psychologique de base

- Ce que tu **ressens à l'intérieur**
- Ton **rythme naturel**, tes **besoins de recharge**
- Ce qui te **fatigue**, ce qui te **ressource**

    "Elle a besoin de solitude après une réunion", "Il cogite beaucoup avant de décider"

    Le tempérament est stable dans le temps. Il influence ton DISC… mais ne se voit pas toujours.

Exemples de décalage comportement / tempérament

Comportement DISC Rouge (Dominant)

Mais tempérament **Mélancolique**
Cherche à performer, paraît sûr de lui...
...mais doute en secret, se juge en permanence, est **très sensible à l'échec**
Ce profil **cache sa peur de mal faire sous un masque d'autorité**

Comportement DISC Jaune (Influent)

Mais tempérament **Flegmatique**
Joue le "fun", adore parler en groupe...
...mais finit vidé, car ce n'est **pas son carburant émotionnel**
Ce profil a souvent besoin de **retrait après l'agitation**

Comportement DISC Bleu (Conforme)

Mais tempérament **Colérique**
Semble froid et analytique...
...mais est habité par une **rage de justice ou de perfection**
Peut exploser si l'ordre est bousculé, car il **supporte mal le chaos**

Double lecture = outil d'évolution

Quand tu identifies :

1. Ton **style comportemental DISC** (ce que tu fais)

2. Ton **tempérament dominant** (ce que tu ressens)

Tu peux :

- Repérer les **dissonances** qui te fatiguent
- Comprendre les **tensions internes** ("je fais ça... mais je ne suis pas ça")
- Adapter ton environnement à ce **que tu es vraiment**

La vraie liberté, ce n'est pas de "changer qui tu es".
C'est de **concilier ce que tu montres et ce que tu ressens**.

Tableau de correspondance DISC / Tempéraments / Éléments

DISC	Couleur	Tempérament d'Hippocrate	Élément associé	Dynamique
Dominant	Rouge	Colérique	Feu	Action, Décision, Impact
Influent	Jaune	Sanguin	Air	Échange, Expression, Enthousiasme
Stable	Vert	Flegmatique	Eau	Harmonie, Douceur, Régularité
Conforme	Bleu	Mélancolique	Terre	Rigueur, Précision, Profondeur

Une personne DISC "Rouge" est souvent de **tempérament colérique**,
Une "Jaune" a l'enthousiasme d'un **sanguin**,
Un "Vert" partage la patience d'un **flegmatique**,
Et un "Bleu" porte la rigueur d'un **mélancolique**.

Mais attention :
Tu peux avoir un comportement DISC Jaune, avec un fond de tempérament Flegmatique.

Exemple : tu fais l'extraverti... mais tu as **besoin de calme** pour te recharger.

Comment combiner les deux modèles pour mieux te connaître

Le DISC te donne une lecture rapide, observable
C'est ton comportement "visible" dans un contexte donné (pro, perso, stress).

Les tempéraments te donnent une lecture profonde, plus stable
C'est ton énergie de base, ta manière de ressentir, ton rythme intérieur.

La combinaison des deux te donne une carte complète
Qui tu montres au monde VS ce qui t'anime réellement

Exemple de combinaison :

Comportement DISC Rouge / Tempérament Mélancolique
Un leader exigeant, qui fonce… mais qui doute en silence.
Peut sembler dur, mais cherche surtout à faire "bien".

Comportement DISC Vert / Tempérament Sanguin
Semble doux, mais en réalité adore parler, vivre, s'amuser.
Se briderait trop dans un environnement trop rigide.

Comportement DISC Jaune / Tempérament Flegmatique
Adore les gens, mais se fatigue vite. Besoin de solitude régulière.
Masque son besoin d'espace derrière une énergie joyeuse.

Profils mixtes DISC x Tempéraments : Portraits vivants et tensions cachées

Tu n'es pas une case.
Tu es **un équilibre dynamique** entre :

- ce que tu **montres au monde** (DISC)

- ce que tu **ressens profondément** (Tempérament)

- et ce que tu **n'oses pas toujours exprimer**

Ce mélange, c'est là qu'on trouve les **profils les plus intéressants**, les plus puissants…
et parfois les plus **contradictoires**.

Voici quelques **portraits types**, tirés du terrain, pour t'aider à **mieux te comprendre (ou mieux coacher les autres)**.

DISC Rouge + Tempérament Mélancolique

Le leader silencieux

- Se montre direct, ferme, rapide…

- Mais a un dialogue intérieur très critique, se remet beaucoup en question

- Très sensible à la notion d'échec, de responsabilité, de perfection

Tension : paraît dur   est dur avec lui-même
Clé : apprendre à **valoriser les petits pas,** pas uniquement la performance

DISC Jaune + Tempérament Flegmatique

Le sociable introverti

- Aime parler, s'anime en groupe…
- Mais se fatigue vite, fuit les conflits, recherche le confort et l'harmonie
- Très bon dans la médiation… tant qu'il peut se replier ensuite

Tension : fait "comme si" tout allait bien → refoule ce qu'il ressent
Clé : s'autoriser à **dire non**, même dans la douceur

DISC Vert + Tempérament Colérique

Le diplomate explosif

- Calme, arrangeant, rassurant…
- Mais peut **exploser sans prévenir** si on dépasse sa limite interne
- Supporte beaucoup, longtemps… **puis se transforme en volcan**

Tension : veut préserver la paix → mais déteste se sentir impuissant
Clé : apprendre à **poser des limites AVANT que ça pète**

DISC Bleu + Tempérament Sanguin

Le contrôleur enthousiaste (en souffrance)

- Organisé, analytique, rigoureux...
- Mais profondément frustré de ne pas pouvoir s'exprimer librement
- Peut s'étouffer lui-même sous ses normes

Tension : veut bien faire   s'interdit d'être spontané
Clé : autoriser **plus de jeu, de lâcher prise, d'imperfection**

Cas particulier : le profil "adapté" en désaccord avec le "profil naturel"

Beaucoup de personnes agissent en **DISC Rouge** au travail (ex : chef d'équipe),
alors qu'elles sont **Flegmatiques** dans l'âme.
Résultat : burn-out, fatigue chronique, perte de sens.

Inversement, un Sanguin très Jaune peut se **forcer à être Bleu** pour "réussir"... et devenir un robot sans saveur.

La richesse est dans **l'intégration**, pas dans la **suradaptation**.

Pour aller plus loin dans ton profil mixte

Pose-toi ces questions :

- Qu'est-ce que je montre... mais qui **ne me ressemble pas vraiment** ?
- Qu'est-ce que je **ressens mais que je n'exprime pas** ?
- Est-ce que mon entourage me **voit vraiment** ?

Et surtout :
Qu'est-ce que je gagnerais à **aligner l'extérieur et l'intérieur** ?

Tempéraments & DISC en équipe : Interactions typiques et dynamiques sociales

Comprendre ton profil, c'est bien.
Comprendre **ce qui se passe quand tu rencontres un autre profil**, c'est là que ça devient puissant.

Dans une équipe, un couple, une famille...
On est tous en **interaction permanente** entre :

- des **comportements visibles (DISC)**

- et des **motivations profondes (Tempéraments)**

Et parfois, ce qui crée la tension...
Ce n'est pas "un mauvais caractère"...
C'est juste un **décalage d'énergie.**

Cas 1 : Rouge + Colérique vs Vert + Flegmatique

Le volcan impatient vs. la montagne immobile

Le Rouge fonce. Il veut des résultats. Il déteste perdre du temps.
Le Vert observe. Il veut de la stabilité. Il fuit le conflit.

<u>Ce qui se passe</u> :

- Le Rouge trouve le Vert "mou, lent, flou"
- Le Vert trouve le Rouge "brutal, stressant, imprévisible"
- Le conflit vient d'une **opposition de rythme et de priorité**

<u>Clé de collaboration</u> :

- Le Rouge apprend à ralentir et à écouter
- Le Vert apprend à poser ses limites et à s'affirmer

Cas 2 : Jaune + Sanguin vs Bleu + Mélancolique

Le showman sociable vs. l'analyste réservé

Le Jaune adore improviser, parler, tester.
Le Bleu a besoin de règles, de prévisibilité, de structure.

<u>Ce qui se passe</u> :

- Le Jaune trouve le Bleu "trop rigide, rabat-joie"
- Le Bleu trouve le Jaune "désorganisé, brouillon"
- L'un cherche la stimulation, l'autre la précision

<u>Clé de collaboration</u> :

- Le Jaune structure ses idées avant de les lancer
- Le Bleu apprend à s'ouvrir au changement et à l'humain derrière l'erreur

Cas 3 : Deux Rouges + Colériques

Le choc des titans

Deux leaders. Deux visions. Deux volontés fortes.

<u>Ce qui se passe</u> :

- Coopération explosive… ou guerre d'ego
- Si chacun veut dominer, c'est le clash assuré
- S'ils apprennent à se compléter, ça donne une équipe ultra performante

<u>Clé de collaboration</u> :

- Clarifier les rôles, respecter les territoires, canaliser l'ego

Cas 4 : Deux Flegmatiques + Verts

Le calme plat… ou la paix durable ?

Le Jaune adore improviser, parler, tester.
Le Bleu a besoin de règles, de prévisibilité, de structure.

<u>Ce qui se passe</u> :

- Relation fluide, sans conflit… mais aussi sans confrontation
- Les non-dits peuvent s'accumuler, rien ne se dit, tout se vit en silence
- Parfois trop de confort tue la dynamique

<u>Clé de collaboration</u> :

- Oser dire ce qu'on pense, même si ça dérange un peu

Cas 5 : Jaune + Sanguin avec Bleu + Mélancolique sous stress

Le Jaune explose en tous sens.
Le Bleu s'effondre dans le contrôle.
Et chacun croit que l'autre est "la cause du problème".

Ce qui se passe :

- Le Jaune veut réagir tout de suite
- Le Bleu veut réfléchir avant d'agir
- Incompréhension garantie… si on ne nomme pas ce qui se passe

Clé de collaboration :

- Poser le cadre émotionnel, ralentir, reconnecter au besoin réel de chacun

En équipe, ce modèle devient un GPS relationnel

Quand tu connais :

- ton **comportement DISC** (ce que tu fais)
- ton **tempérament** (ce que tu ressens)
- et ceux des autres…

Tu peux :

- anticiper les tensions
- créer des binômes puissants
- désamorcer les malentendus
- booster la coopération sans manipuler

Ce n'est pas "toi contre moi"…
C'est "toi ET moi", **avec des modes de fonctionnement différents** à harmoniser.

2. MBTI, Éléments et Astrologie : La logique des fonctions

Le MBTI, les éléments, l'astrologie...
Trois univers, trois langages...

Et pourtant :

Une seule et même grille de lecture profonde, intuitive, **fondée sur des équilibres.**

Car dans chacun de ces systèmes, on retrouve :

- Des **oppositions** (introversion/ extraversion; eau/ feu; nuit/ jour)

- Des **fonctions dominantes** (pensée, sentiment, intuition, sensation)

- Une **énergie primaire** qui **structure ta manière d'être au monde**

Le MBTI : un équilibre entre 4 grandes dimensions

E/I - Extraversion / Introversion
Où je puise mon énergie

S/N - Sensation / Intuition
Comment je perçois l'information

T/F - Pensée / Sentiment
Comment je prends mes décisions

J/P - Jugement / Perception
Comment je vis avec le monde extérieur

Le MBTI est **un code à 4 lettres** (ex : ENFP, ISTJ) qui décrit **ton mode de fonctionnement cognitif.**

Les 4 éléments : 4 manières de "fonctionner" aussi

Éléments	Fonction Dominante	Comportement associé
Feu	Intuition Extravertie (Ne, Ni)	Création, Impulsion, Vision
Air	Pensée (Te, Ti)	Communication, Logique, Agilité
Eau	Sentiment (Fe, Fi)	Émotion, Lien, Écoute
Terre	Sensation (Se, Si)	Concret, Méthode, Mémoire

Ce que le MBTI appelle des "fonctions", les éléments l'expriment par **des énergies vécues.**

En astrologie, les 12 signes se répartissent aussi selon :

Éléments	Signes associés	MBTI le plus courant
Feu	Bélier, Lion, Sagittaire	ENFP, ENTJ, ESTP
Air	Gémeaux, Balance, Verseau	ENTP, INTP, ENFP
Eau	Cancer, Scorpion, Poissons	INFP, ISFJ, INFJ
Terre	Taureau, Vierge, Capricorne	ISTJ, ISFJ, ESTJ

Et les **polarités** astrologiques recoupent celles du MBTI :

- Masculin (Feu, Air)   Extraversion / action
- Féminin (Eau, Terre)   Introversion / intériorité

Les 4 éléments : 4 manières de "fonctionner" aussi

Prenons un **ENFP** :

- Extraverti, Intuitif, Feeling, Perceptif
- Il est **Air/ Feu**, donc léger, créatif, optimiste, rapide
- On le retrouve souvent en **Jaune (DISC)**, avec un **tempérament Sanguin**, et un thème astral en Sagittaire, Lion ou Verseau

Prenons un **ISTJ** :

- Introverti, Sensoriel, Thinking, Judging
- Il est **Terre/ Air**, donc structuré, rigoureux, fiable, discret
- On le retrouve en **Bleu (DISC)** ou **Vert**, avec un **tempérament Mélancolique**, souvent marqué par un Capricorne ou Vierge

Tu vois l'idée ?
On change de modèle... mais **les constantes sont là.**

Et si tu commençais à lire ces modèles non pas comme des cases, mais comme :

- Des **voies d'accès différentes** à la même structure intérieure
- Des **miroirs de ton fonctionnement cognitif et émotionnel**
- Des **clés de lecture du monde et des autres**, à différents niveaux

-

Le MBTI donne une **carte mentale.**
Les éléments donnent une **carte sensorielle.**
L'astrologie donne une **carte symbolique.**

Et les trois disent :
"Tu n'es pas une lettre. Tu es un équilibre vivant."

3. PNL & perception : Les filtres internes qui façonnent notre réalité

Tu crois que tu vois la réalité ?
Non.
Tu vois **ta version de la réalité**.
Et cette version est **filtrée, triée, interprétée**, à chaque seconde, par ton cerveau.

C'est là qu'intervient la **PNL – Programmation Neuro-Linguistique**.

La PNL ne cherche pas à savoir "qui tu es".
Elle cherche à comprendre **comment tu fonctionnes**.
Et surtout, **comment tu peux reprogrammer ce fonctionnement** pour élargir ta perception.

Le postulat de base : la carte n'est pas le territoire

Tu n'agis pas en fonction du monde réel...
Tu agis en fonction de la **représentation que tu t'en fais.**

Cette représentation est influencée par :

- Tes expériences passées
- Tes croyances et généralisations
- Ton système de valeurs
- Tes **canaux sensoriels privilégiés**

Résultat : **deux personnes vivent la même scène...**
et en tirent **deux lectures opposées.**

Les 3 canaux sensoriels (VAK)

Canal	Tu privilégies...	Tu dis souvent...
Visuel	Ce que tu vois, lis, imagines	"Je vois ce que tu veux dire."
Auditif	Ce que tu entends, les mots, les sons	"Ça sonne bien, explique-moi encore."
Kinesthésique	Ce que tu ressens, touches, expérimentes	"Je le sens pas." / "C'est lourd."

Ton canal dominant influence :

- Ton **style de communication**
- Ton **apprentissage**
- Tes **blocages émotionnels**

Les 3 grands filtres PNL

- **La généralisation :**

  "Les gens ne m'écoutent jamais."
  Tu pars d'un cas... et tu en fais une règle.

- **La distorsion :**

  "S'il ne m'a pas répondu, c'est qu'il est en colère."
  Tu **interprètes** au lieu de vérifier.

- **L'omission :**

Tu zappes ce qui ne valide pas ton filtre (ex : compliments, nuances, émotions gênantes)

Ces filtres t'aident à survivre... mais peuvent aussi **t'enfermer dans des schémas automatiques.**

Lien avec les autres modèles

Modèle	Ce que la PNL explique
DISC	Pourquoi un Rouge "voit l'action" partout, un Bleu les risques
MBTI	Le filtre S/N = perception sensorielle VS intuitive
Éléments	Le Feu filtre par action, l'Eau par émotion, l'Air par logique, la Terre par réalité
Astrologie	Mars filtre par impulsion, Mercure par cognition, Lune par émotion
Ennéagramme	Chaque type filtre la réalité pour éviter une peur spécifique

En pratique : ce que la PNL t'offre

- Reprendre le **contrôle sur tes réactions automatiques**

- Identifier tes **croyances limitantes**

- Changer ton état interne en changeant... ton **interprétation de la situation**

- Passer du **réflexe inconscient** à la **réponse consciente**

> Tu ne peux pas changer ce que tu ne vois pas.
> La PNL, c'est apprendre à **voir différemment**.

4. Vers un profil hybride : Construire sa lecture personnelle à travers les modèles

Tu as exploré le DISC, le MBTI, les tempéraments, la PNL, les éléments, l'astrologie, l'Ennéagramme...
Et maintenant, tu te demandes peut-être :

"Ok… mais alors je suis quoi ? Rouge ? INFJ ? Colérique ? Cancer ascendant Poissons ?"

Et si la vraie question, c'était plutôt :

"Comment je fonctionne, dans quel contexte, et avec quelle énergie ?"

Il ne s'agit pas de **choisir un outil**…
Mais de **les assembler intelligemment** pour créer **ta lecture vivante et nuancée de toi-même**.

Tu es un profil hybride

Tu es :

- Une **base comportementale** (DISC / Insight)
- Un **fonctionnement cognitif** (MBTI)
- Une **énergie dominante** (Éléments, Astrologie)
- Une **motivation intérieure** (Ennéagramme)
- Des **filtres de perception** (PNL)
- Et un **chemin de vie** unique (expérience, intuition, mémoire)

Tu es **plusieurs couches, plusieurs langages, plusieurs rythmes**.

Et surtout : tu es **mobile**.

Exemples de profils hybrides incarnés

Rouge – ENTJ – Colérique – Mars en Bélier – Type 3

Leader visionnaire, ultra exigeant avec lui-même, cherche à prouver sa valeur par l'action

Jaune – ENFP – Sanguin – Ascendant Sagittaire – Type 7

Créatif, enthousiaste, fuit la routine, a besoin de lien… mais s'épuise à tout vouloir vivre en même temps

Bleu – ISFJ – Mélancolique – Lune en Vierge – Type 6

Protecteur silencieux, fiable, inquiet, fidèle, cherche la sécurité mais rêve en secret de liberté

Vert – INFP – Flegmatique – Soleil en Poissons – Type 9

Empathique, sensible, discret, évite le conflit, cherche l'harmonie avant tout… au risque de s'oublier

Construire ta propre carte, c'est :

- Prendre ce qui résonne dans chaque modèle
- Te libérer de ce qui te fige ou t'enferme
- Créer une lecture fluide, souple, évolutive
- Comprendre tes contradictions comme des richesses
- Savoir changer de posture selon le contexte, sans te perdre

Tu es un **système vivant**, pas une case figée.
Tu peux passer d'un rôle à l'autre, à condition de **rester aligné à ton noyau**.

Ce que tu peux faire dès maintenant :

- Cartographier tes dominantes dans chaque modèle (DISC, MBTI, Éléments…)
- Identifier **tes points de tension** ou de contradiction
- Créer ton **profil de base + ton profil adaptatif**
- Dessiner **ton profil hybride** : celui qui te ressemble vraiment

PARTIE 4 : Utiliser les outils en conscience

Quel outil pour quel besoin ?

Tu as découvert une multitude d'outils.

Mais comment les **utiliser de manière stratégique** ?
Comment savoir **lequel choisir** en fonction de ce que tu vis, de ce que tu cherches, ou de ce que tu veux transformer ?

Un bon outil, c'est comme un bon couteau :
Mal utilisé, il coupe.
Bien utilisé, il révèle.

Voici une description simple et puissante pour t'orienter selon ton besoin.

Besoin : Mieux me connaître, clarifier mon fonctionnement global

Outils les plus pertinents :

- **MBTI**   fonctionnement cognitif
- **DISC**   comportement visible et adaptatif
- **Tempéraments**   énergie de base, nature profonde

Objectif : comprendre **comment tu interagis avec le monde**, ce qui t'active ou t'épuise.

Besoin : Améliorer mes relations (perso ou pro)

Outils les plus pertinents :

- **DISC / Insight**   lecture comportementale simple et rapide
- **PNL**   écoute, reformulation, gestion de conflit
- **Astrologie**   compatibilité énergétique, compréhension des dynamiques émotionnelles

Objectif : créer **des ponts de communication**, ajuster ton discours, désamorcer les malentendus.

Besoin : Travailler sur mes émotions, mes blocages ou mes peurs

Outils les plus pertinents :

- **Ennéagramme**   motivations profondes et mécanismes de défense
- **PNL**   croyances limitantes, reprogrammation, recadrage
- **Éléments / Éléments asiatiques**   lecture énergétique intuitive

Objectif : identifier les **racines invisibles** de tes comportements... et **t'en libérer.**

Booster ma performance ou mon leadership

Outils les plus pertinents :

- **DISC / MBTI**   identifier ton style de leadership naturel
- **Tempéraments**   repérer ce qui te donne de l'énergie
- **Astrologie** (Mars / Soleil / Ascendant)   zones d'affirmation et d'impact

Objectif : activer **ce qui te rend puissant sans te dénaturer.**

Besoin : Mieux me comprendre dans mes cycles de vie

Outils les plus pertinents :

- **Astrologie**   passage de Saturne, transits, maisons
- **Éléments asiatiques**   lecture cyclique et évolutive
- **Ennéagramme**   trajectoire d'évolution (stress/ croissance)

Objectif : voir que **tu changes**, que certains outils sont bons **à une étape donnée**, pas à vie.

Besoin : Accompagner les autres (coach, manager, parent, éducateur)

Outils les plus pertinents :

- **DISC / Insight**   lecture rapide pour adapter ton style de communication
- **PNL**   flexibilité relationnelle et compréhension des filtres
- **Tempéraments/ Éléments**   lecture intuitive des émotions ou comportements

Objectif : sortir du "je traite tout le monde pareil"   entrer dans la **communication ciblée et respectueuse des différences.**

En résumé

Besoin	Outils principal	Outils complémentaires
Me connaître	MBTI, DISC	Tempéraments, Astrologie
Mieux communiquer	DISC, PNL	Insight, Éléments
Gérer mes émotions	Ennéagramme, PNL	Éléments, Astrologie
Déployer mon leadership	DISC, Tempéraments	MBTI, Astrologie
Comprendre mes cycles de vie	Astrologie, Éléments Asiatiques	Ennéagramme
Accompagner les autres	DISC, PNL	Éléments, Insight, Tempéraments

Le bon outil, c'est celui qui t'aide **ici et maintenant**.
Pas celui qui "te définit à vie".

2. Éviter les pièges : Les étiquettes, le "je suis comme ça" et les cases rigides

Tous les outils que tu viens de découvrir sont **précieux**.
Mais mal utilisés, ils peuvent devenir **des prisons mentales**.

"Je suis **Rouge**, donc je suis comme ça."
"Je suis **INFJ**, donc je n'aime pas les gens."
"Je suis **Bélier**, donc faut pas me chercher."
"Je suis **Type 4**, donc je suis incompris à vie."

STOP

Les outils ne sont pas là pour **t'enfermer dans une case**.
Ils sont là pour **te libérer d'une illusion** : celle que tu serais "figé".

Les 4 grands pièges à éviter

1. L'étiquette identitaire
"Je suis Jaune, donc je ne peux pas être organisé."

Tu confonds ton style dominant avec une limite permanente.
Rappelle-toi : ce que tu n'as pas développé n'est pas ce que tu ne peux pas développer.

2. La justification rigide
"Si j'ai été dur, c'est parce que je suis Colérique."

Tu utilises ton profil pour excuser des comportements non alignés.
Les outils ne justifient rien : ils expliquent, pour que tu corriges en conscience.

3. La sur-identification à un modèle
"Je ne me retrouve que dans l'Ennéagramme. Le reste, c'est pas pour moi."

Tu refuses des outils qui pourraient compléter ta lecture
Chaque outil éclaire un angle différent. Ensemble, ils révèlent le relief.

4. L'enfermement dans le passé
"J'ai toujours été comme ça, je ne changerai pas."

Tu fais d'un profil une fatalité.
Les profils sont des photos. Toi, tu es un film.

Un outil bien utilisé = un miroir évolutif

- Ce n'est pas "je suis comme ça"
- C'est "je **fonctionne** comme ça, **aujourd'hui,** dans **ce contexte**"
- Et je peux **évoluer, adapter, étendre ma palette**

Tu n'es pas ton DISC.
Tu n'es pas ton MBTI.
Tu es un **être vivant**, en **mouvement constant**, avec des **préférences**, des **blessures**, des **talents**.

Ce que tu peux faire pour éviter les pièges

- Utilise plusieurs modèles pour **nuancer ta lecture**
- Reformule toujours "Je suis…" par "J'ai tendance à…"
- Pose-toi la question : "Est-ce que ce comportement me sert encore aujourd'hui ?"
- Observe-toi dans des **contextes différents** (pro, perso, stress, détente…)

-

Les outils sont des **cartes**.
Mais c'est à toi de **faire le voyage**.

Et plus tu t'observes avec honnêteté, plus tu transformes ton "je suis comme ça" en :

"Je **sais** comment je fonctionne…
… et je choisis **en conscience** comment j'évolue."

3. Composer avec les autres : Créer des équipes et des relations plus fluides

Se connaître, c'est bien.
Mais **savoir cohabiter avec la différence**, c'est là que commence le vrai défi.

Parce que dans une équipe, une famille, un couple…

Tu ne choisis pas toujours les profils qui t'entourent.
Et ce qui est facile pour toi… peut être un enfer pour l'autre.

Les outils comme le DISC, le MBTI, les Tempéraments ou l'Ennéagramme deviennent alors des **boussoles relationnelles**.

Ce que tu vis est souvent un écart de style, pas un problème de personne

- Ce collègue "froid" ? Il est peut-être juste **Bleu + Mélancolique**, concentré.

- Ce partenaire "envahissant" ? Il est peut-être juste **Jaune + Sanguin**, en besoin de lien.

- Cet ami "indécis" ? Il est peut-être **Vert + Flegmatique**, en recherche d'harmonie.

- Ce manager "brutal" ? Il est peut-être **Rouge + Colérique**, avec un mode action direct.

On juge vite.
Mais quand on comprend le **code de l'autre**, on peut **parler sa langue**.

Clé 1 : Identifier les points de tension prévisibles

Ton style	En face de …	Risque de conflit
Rouge (Dominant/ Feu)	Vert (Stable/ Eau)	Impatience VS Lenteur
Jaune (Influent/ Air)	Bleu (Conforme/ Terre)	Improvisation VS Besoin de structure
Flegmatique (Eau)	Colérique (Feu)	Évitement du conflit VS Confrontation
INFP (MBTI)	ESTJ (MBTI)	Ressenti intérieur VS Efficacité brute

Ce n'est pas personnel.
C'est une **opposition de besoins non exprimés**.

Clé 2 : Adapter ta posture sans te trahir

Exemples :

- Avec un **Rouge**, va droit au but.
- Avec un **Vert**, commence par le relationnel.
- Avec un **Bleu**, sois précis et factuel.
- Avec un **Jaune**, engage par l'enthousiasme.

Ce n'est pas de la manipulation.
C'est de **l'intelligence relationnelle**.

Clé 3 : Parler le langage de l'autre

Profil	Ce qu'il aime entendre	Ce qui l'énerve
Rouge	"On va droit au but ?"	Les détours, les hésitations
Jaune	"C'est fun, on essaye ?"	Les règles trop rigides
Vert	"C'est tranquille, sans pression"	Les conflits, le chaos
Bleu	"Tout est bien cadré"	L'improvisation, les erreurs floues

Plus tu ajustes ton message, plus tu **réduis la friction**.

Clé 4 : Valoriser les différences comme des forces

- Le Bleu qui freine ton idée ? Il **te protège** d'un piège.
- Le Jaune qui relance tout ? Il **t'aide à rebondir**.
- Le Vert qui prend son temps ? Il **crée de la paix**.
- Le Rouge qui te challenge ? Il **te pousse à te dépasser**.

Ce qui te dérange... est souvent **ce qui te manque**.

En équipe, couple ou groupe :

- Posez les bases : "voici mon style, voici ce qui m'aide"
- Créez un langage commun (DISC, couleurs, symboles, cartes)
- Développez l'écoute active
- Célébrez les complémentarités (plutôt que de vouloir changer l'autre)

La diversité de profils, bien utilisée, devient une **force collective**.

Pas un problème à régler.

4. Se transformer sans se trahir : Évoluer, oui, mais avec alignement

Tu veux changer ? Grandir ? Te dépasser ?
Parfait.

Mais attention :

Le piège du développement personnel, c'est de vouloir **se transformer au point de s'oublier.**

À force de vouloir devenir "plus comme ci" ou "moins comme ça"... tu peux finir par **jouer un rôle.**

Un rôle qui **plaira aux autres**...
Mais qui **t'épuise à petit feu.**

La vraie transformation commence quand tu honores qui tu es déjà

Changer, ce n'est pas :

- Te forcer à être extraverti si tu es introverti
- Devenir analytique alors que tu es intuitif
- Coller à un modèle "idéal" qui n'est pas le tien

C'est apprendre à **développer les dimensions qui te manquent... sans renier ce qui fait ta force naturelle.**

Évoluer ≠ devenir une autre personne

Tu peux :

- Être Rouge... et apprendre à écouter
- Être Jaune... et devenir plus structuré
- Être Bleu... et t'ouvrir à l'imprévu
- Être Vert... et apprendre à dire non

Mais tu ne deviens pas **quelqu'un d'autre**.
Tu deviens **une version plus complète de toi**.

3 questions pour une transformation alignée

1. Est-ce que ce changement me rend plus moi-même... ou moins ?

2. Est-ce que j'agis par envie... ou par peur ?

3. Est-ce que cette évolution me fatigue... ou me fait respirer ?

Si tu réponds "moins / peur / fatigue"...
Tu es peut-être en train de **te trahir au lieu d'évoluer**.

L'alignement, c'est quand :

- Tes comportements **reflètent tes valeurs profondes**
- Tes choix **respectent ton rythme naturel**
- Tes évolutions **ne coupent pas tes racines**

> C'est le moment où tu ne joues plus un rôle.
> Tu es **juste toi, en version claire, fluide, assumée.**

Ce que tu peux faire maintenant :

- Faire le tri : ce que tu veux **changer**, ce que tu veux **conserver**, ce que tu veux **révéler**
- Définir ton **noyau identitaire** : ce qui **ne bouge pas**, même quand tout change
- Repérer les moments où **tu joues un rôle** (et pourquoi)
- Te demander : "Qu'est-ce que je pourrais enlever, plutôt qu'ajouter ?"

> Tu n'as pas besoin de devenir une autre personne.
> Tu as juste besoin de **redevenir complètement toi.**

> Et c'est là que les outils deviennent magiques :
> Non pas pour te transformer...
> Mais pour t'aider à **évoluer en conscience, sans jamais te trahir.**

PARTIE 5 : Ton carnet de route

1. Test maison : Découvre ton profil multi-couche

Ce test n'a **pas vocation à te classer.**
Il est là pour **t'aider à observer** ce qui ressort **de toi, ici et maintenant.**
Pas pour te figer, mais pour **cartographier ton paysage intérieur.**

Tu vas créer ton **profil multi-couche,**
en combinant les outils DISC, MBTI, Tempéraments, Éléments, Énergies planétaires, PNL...
Et surtout, **ton ressenti.**

Étape 1 : Ton style comportemental observable (DISC)

Coche ce qui te ressemble le plus dans ton **comportement visible**

Je suis plutôt	D/ Rouge	I/ Jaune	S/ Vert	C/ Bleu
Rapide à agir				
Enthousiaste et bavard				
Calme, patient et discret				
Rigoureux, organisé, attentif aux détails				

Note la couleur dominante : _____
Et une secondaire éventuelle : _____

Étape 2 : Ton énergie de fond (Tempérament d'Hippocrate)

Entoure les deux phrases qui te décrivent le mieux :

- Je prends vite des décisions et je fonce **Colérique (Feu)**
- J'aime parler, rire, être entouré **Sanguin (Air)**
- Je cherche à éviter les conflits et je prends mon temps **Flegmatique (Eau)**
- Je réfléchis beaucoup, j'analyse, j'aime la précision **Mélancolique (Terre)**

Note ton tempérament dominante : _____
Et un secondaire éventuel : _____

Étape 3 : Ton style cognitif (MBTI simplifié)

Coche ce qui te parle en majorité :

- Où tu te régénères :
    - Avec les autres **Extraverti (E)**
    - Seul ou en petit comité **Introverti (I)**

- Comment tu captes l'info :
    - Par les faits, le concret **Sensoriel (S)**
    - Par les liens, l'intuition **Intuitif (N)**

- Comment tu décides :
    - Par la logique, les critères **Pensée (T)**
    - Par les valeurs, le lien humain **Sentiment (F)**

- Comment tu vis le monde :
    - Je planifie, j'anticipe **Jugement (J)**
    - Je m'adapte, je reste ouvert **Perception (P)**

Ton code MBTI approximatif : ___ ___ ___ ___

Étape 4 : Ton élément naturel

Entoure l'élément qui te décrit **le plus profondément** :

- **Feu** : volonté, action, impulsion
- **Air** : idées, légèreté, mouvement
- **Eau** : émotion, intuition, fusion
- **Terre** : ancrage, structure, sécurité

Élément dominant : _____
Élément en manque / à développer : _____

Étape 5 : Ton énergie dominante en astrologie

Entoure ce que tu ressens **le plus fort en toi** (même sans thème astral complet) :

- J'ai besoin d'agir vite   **Mars forte**
- J'ai besoin d'aimer, créer, séduire   **Vénus forte**
- Je ressens beaucoup   **Lune dominante**
- J'ai une forte volonté   **Soleil dominant**
- J'analyse, je pense sans arrêt   **Mercure dominant**

Planète(s) dominantes ressenties : _____

Étape 6 : Tes canaux perceptifs (PNL)

Entoure ceux que tu utilises le plus souvent :

- Je visualise, je pense en images   **Visuel**
- Je parle / pense en mots, en sons   **Auditif**
- Je ressens dans mon corps / mes émotions   **Kinesthésique**

Canal principal : _____
Canal secondaire : _____

-

En croisant toutes tes réponses, tu vas construire **ta carte personnelle**.

Pas une étiquette : **Une boussole**.

2. Exercices de perception et d'observation

Comprendre un outil, c'est une chose.
Mais l'intégrer, c'est **le vivre, l'observer, le tester dans la vraie vie**.

La perception n'est pas un savoir.
C'est un **muscle vivant** à entraîner chaque jour.

Voici une série d'exercices simples et puissants, à faire **seul ou avec d'autres**, pour affiner ta lecture intérieure... et relationnelle.

1. Le jeu des couleurs DISC dans ton entourage

Exercice :

- Liste 5 personnes que tu côtoies régulièrement (famille, amis, collègues)

- Tente de deviner leur **couleur DISC dominante** (Rouge, Jaune, Vert, Bleu)

- Note leur comportement type, leurs phrases clés, leur manière d'agir

- Compare ta lecture avec leur feedback (si possible)

_____ _____ _____
_____ _____ _____
_____ _____ _____
_____ _____ _____
_____ _____ _____

Objectif : affiner ton **sens de l'observation comportementale**

2. L'écoute active version PNL

Exercice :

- Lors de ta prochaine discussion, concentre-toi sur **le canal dominant** de ton interlocuteur (Visuel, Auditif, Kinesthésique)
- Note les mots qu'il **emploie souvent** ("je vois", "j'entends", "je ressens...")
- Essaie de **répondre dans le même canal** pour créer un miroir naturel

_____ _____ _____
_____ _____ _____
_____ _____ _____
_____ _____ _____
_____ _____ _____
_____ _____ _____
_____ _____ _____
_____ _____ _____
_____ _____ _____
_____ _____ _____
_____ _____ _____
_____ _____ _____
_____ _____ _____

Objectif : améliorer ta **connexion fine et non verbale**

3. Repérer les tensions de tempérament

Exercice :

- Observe un échange ou une scène de tension (réunion, discussion, débat)
- Pose-toi ces questions :

  1. Y a-t-il un **décalage de rythme** ?
  2. Un besoin de contrôle chez l'un et d'harmonie chez l'autre ?
  3. Une **opposition directe entre deux énergies** (Feu vs Eau, Air vs Terre...) ?

- Tente d'**identifier les tempéraments** en jeu : Colérique, Sanguin, Flegmatique, Mélancolique

_____ _____ _____
_____ _____ _____
_____ _____ _____
_____ _____ _____
_____ _____ _____
_____ _____ _____
_____ _____ _____
_____ _____ _____
_____ _____ _____
_____ _____ _____
_____ _____ _____
_____ _____ _____
_____ _____ _____

Objectif : comprendre que **les conflits viennent souvent d'incompréhension, pas d'intention malveillante**

4. Journal de perception (à tenir pendant 3 jours)

Chaque jour, réponds à ces 5 questions :

- Quelle situation m'a fait **réagir fortement** aujourd'hui ?
- Était-ce une réaction liée à mon **style DISC / tempérament / type MBTI** ?
- Qu'est-ce que **j'ai interprété** ? (vs ce qui était réellement dit/fait)
- Quel filtre PNL s'est activé (généralisation, omission, distorsion) ?
- Comment aurais-je pu **répondre différemment**, avec conscience ?

_____ _____ _____
_____ _____ _____
_____ _____ _____
_____ _____ _____
_____ _____ _____
_____ _____ _____
_____ _____ _____
_____ _____ _____
_____ _____ _____
_____ _____ _____
_____ _____ _____
_____ _____ _____

Objectif : affiner ta **lecture intérieure en temps réel**

5. Variation volontaire de style

Choisis un jour où tu vas **jouer volontairement un autre profil** :

- Si tu es Rouge : ralentis, demande l'avis des autres
- Si tu es Jaune : reste silencieux et à l'écoute
- Si tu es Vert : affirme une opinion sans attendre
- Si tu es Bleu : ose improviser et dire "je ne sais pas"

_____ _____ _____
_____ _____ _____
_____ _____ _____
_____ _____ _____
_____ _____ _____
_____ _____ _____
_____ _____ _____
_____ _____ _____
_____ _____ _____
_____ _____ _____
_____ _____ _____
_____ _____ _____

Objectif : explorer **ta plasticité identitaire sans te perdre**

-

Tu n'as pas besoin de devenir quelqu'un d'autre.
Mais tu gagnes en puissance à **savoir naviguer entre les styles, avec conscience.**

3. Programme 21 jours : Te découvrir autrement

Tu as absorbé plein de concepts, de profils, de nuances...
Maintenant, place à l'**intégration active**.

Ce programme n'est pas un challenge de performance.
C'est un **voyage d'exploration**.
Une invitation à **t'observer chaque jour autrement**, avec curiosité et bienveillance.

21 jours, 21 intentions.
Chacun te reconnecte à **un aspect de toi**, à travers les outils que tu as découverts.

SEMAINE 1
Se reconnecter à son énergie dominante

Jour	Défi/ Réflexion
1	Qu'est-ce qui me donne de l'énergie ? (activité, personne, lieu)

SEMAINE 1
Se reconnecter à son énergie dominante

Jour	Défi / Réflexion
2	Est-ce que mon comportement quotidien reflète mon tempérament ?

SEMAINE 1
Se reconnecter à son énergie dominante

Jour	Défi/ Réflexion
3	Quels sont mes 3 super-pouvoirs naturels ? (DISC / Élément / MBTI)

SEMAINE 1
Se reconnecter à son énergie dominante

Jour	Défi / Réflexion
4	Ce qui m'irrite chez les autres... me parle-t-il de moi ?

SEMAINE 1
Se reconnecter à son énergie dominante

Jour	Défi/ Réflexion
5	Aujourd'hui, j'observe sans juger. Juste je note.

SEMAINE 1
Se reconnecter à son énergie dominante

Jour	Défi / Réflexion
6	Quel élément (Feu, Terre, Air, Eau) me ressource vraiment ?

SEMAINE 1
Se reconnecter à son énergie dominante

Jour	Défi/ Réflexion
7	Je prends 30 minutes pour ne rien faire, et j'écoute ce qui monte

___ _____ _____ _____ ___
___ _____ _____ _____ ___
___ _____ _____ _____ ___
___ _____ _____ _____ ___
___ _____ _____ _____ ___
___ _____ _____ _____ ___
___ _____ _____ _____ ___
___ _____ _____ _____ ___
___ _____ _____ _____ ___
___ _____ _____ _____ ___
___ _____ _____ _____ ___
___ _____ _____ _____ ___
___ _____ _____ _____ ___

SEMAINE 2
Observer mes mécanismes relationnels

Jour	Défi / Réflexion
8	Je repère un profil DISC ou MBTI dans mon entourage (et je valide ?)

SEMAINE 2
Observer mes mécanismes relationnels

Jour	Défi/ Réflexion
9	Aujourd'hui, je m'adapte au style de l'autre (sans me trahir)

SEMAINE 2
Observer mes mécanismes relationnels

Jour	Défi / Réflexion
10	J'identifie un **conflit passé** et j'essaie de le relire avec un outil

SEMAINE 2
Observer mes mécanismes relationnels

Jour	Défi/ Réflexion
11	Qu'est-ce que je cherche inconsciemment chez les autres ?

SEMAINE 2
Observer mes mécanismes relationnels

Jour	Défi / Réflexion
12	Je m'entraîne à l'**écoute active** (aucun conseil, juste écouter)

SEMAINE 2
Observer mes mécanismes relationnels

Jour	Défi/ Réflexion
13	Quelle partie de moi je cache en société ? Pourquoi ?

SEMAINE 2
Observer mes mécanismes relationnels

Jour	Défi / Réflexion
14	J'écris une lettre (non envoyée) à une personne avec qui j'ai un blocage

SEMAINE 3
Réconcilier mes paradoxes et poser mes choix

Jour	Défi/ Réflexion
15	Aujourd'hui, je joue un rôle opposé à mon style habituel (conscient)

SEMAINE 3
Réconcilier mes paradoxes et poser mes choix

Jour	Défi/ Réflexion
16	Quelle "étiquette" j'aimerais enlever une bonne fois pour toutes ?

SEMAINE 3
Réconcilier mes paradoxes et poser mes choix

Jour	Défi/ Réflexion
17	Qu'est-ce que j'ai envie de nourrir dans mon profil ?

SEMAINE 3
Réconcilier mes paradoxes et poser mes choix

Jour	Défi / Réflexion
18	Quelle version de moi est en train d'émerger ?

SEMAINE 3
Réconcilier mes paradoxes et poser mes choix

Jour	Défi/ Réflexion
19	J'écris ma **carte d'identité intérieure** (forces, besoins, zones à explorer)

SEMAINE 3
Réconcilier mes paradoxes et poser mes choix

Jour	Défi/ Réflexion
20	Je choisis 1 outil à approfondir à fond dans les 3 mois qui viennent

SEMAINE 3
Réconcilier mes paradoxes et poser mes choix

Jour	Défi/ Réflexion
21	Bilan : Qu'est-ce que j'ai découvert de nouveau ? De déjà connu mais oublié ?

___ _____ _____ _____ ___
___ _____ _____ _____ ___
___ _____ _____ _____ ___
___ _____ _____ _____ ___
___ _____ _____ _____ ___
___ _____ _____ _____ ___
___ _____ _____ _____ ___
___ _____ _____ _____ ___
___ _____ _____ _____ ___
___ _____ _____ _____ ___
___ _____ _____ _____ ___
___ _____ _____ _____ ___
___ _____ _____ _____ ___

À la fin du programme, tu n'es pas "transformé".
Tu es **éclairé différemment**.
Et prêt à construire **ta propre version de toi, plus consciente, plus libre.**

4. Fiches pratiques : Profils, mots-clés & combinaisons utiles

Utilise cette page comme un **aide-mémoire express**, un pense-bête pour relire les profils, créer des liens, et affiner ta perception des autres... et de toi-même.

DISC – Les 4 couleurs

Couleur	Énergie	Mots-clés	Risque principal
Rouge	Dominant	Action, Challenge, Décision	Impatience, Dureté
Jaune	Influent	Enthousiasme, Relation, Expression	Distraction, Instabilité
Vert	Stable	Calme, Loyauté, Soutien	Passivité, Évitement
Bleu	Conforme	Analyse, Rigueur, Structure	Froid, Rigidité

Tempéraments d'Hippocrate

Tempérament	Élément	Style naturel	Risque
Colérique	Feu	Actif, Volontaire, Rapide	Contrôle, Agressivité
Sanguin	Air	Sociable, Joyeux, Curieux	Inconstance, Superficialité
Flegmatique	Eau	Doux, Discret, Apaisant	Lenteur, Retrait
Mélancolique	Terre	Profond, Logique, Structuré	Auto-critique, Tristesse

MBTI – 4 grandes fonctions

Fonction Dominante	Tu privilégies ...	Tu risques de ...
S - Sensation	Le concret, les faits	Manque de vision
N - Intuition	Les idées, les possibilités	Décrocher du réel
F - Sentiment	L'humain, les valeurs	Trop t'impliquer émotionnellement
T - Pensée	La logique, l'analyse	Être trop froid ou critique

Symbolique des planètes

Planète	Symbolise...	Archétype
Soleil	Identité, Ego	Le héros, le roi
Lune	Émotions, Besoins	L'enfant intérieur
Mercure	Mental, Parole	Le messager
Vénus	Relation, Beauté	L'artiste, l'amante
Mars	Action, Volonté	Le guerrier
Jupiter	Expansion, Foi	Le guide, le sage
Saturne	Structure, Responsabilité	Le bâtisseur, le juge

Combinaisons utiles à retenir

Profils mélangés	Lecture possible
Rouge + Colérique + Mars	Leader naturel, direct, rapide… à équilibrer par l'écoute
Jaune + Sanguin + ENFP	Créatif, sociable, enthousiaste… à cadrer pour durer
Vert + Flegmatique + Eau	Apaisant, loyal… à soutenir pour oser s'affirmer
Bleu + Mélancolique + Saturne	Rationnel, analytique… à alléger par la spontanéité

<u>Astuce</u> : Crée une carte mentale ou une **fiche synthèse personnalisée** avec ton profil hybride.

Tu pourras y revenir à tout moment comme un GPS intérieur

5. Conclusion + Carte postale à toi-même

Tu viens de traverser un livre.
Mais surtout…
Tu viens de traverser toi-même.

Tu as rencontré :

- Tes forces
- Tes ombres
- Tes fonctions
- Tes désirs
- Tes schémas
- Tes énergies

Tu t'es vu à travers :

- Des couleurs
- Des lettres
- Des éléments
- Des profils
- Des symboles
- Et des miroirs

Et peut-être, pour la première fois, **tu t'es vu sans te juger.**

Tu n'es pas un modèle

Tu es un mouvement.

Un équilibre unique entre :

- l'action du Feu
- la souplesse de l'Air
- la profondeur de l'Eau
- la solidité de la Terre

Tu es à la fois :

- Un comportement
- Une énergie
- Un rêve
- Un besoin

Une carte… et l'explorateur de cette carte.

Carte postale à toi-même

Écris maintenant une carte postale depuis ce que tu as compris.
Pas à ton "ancien toi".
Pas au "toi de demain".
Mais à toi, **ici et maintenant**, qui regarde avec plus de clarté

À moi-même, en ce jour...

Cher moi,
Aujourd'hui, j'ai compris que je suis :
_____
_____

Je ne suis pas :
_____
_____

J'ai longtemps cru que :
_____
_____

Mais maintenant, je choisis de :
_____
_____

Je m'autorise à :
_____
_____

Et je me rappelle que :
_____
_____

Merci d'avoir tenu bon.
Merci d'être là. Merci d'être moi.
Avec tendresse,
Moi.

-

Fin du livre.
Début d'un nouveau regard.

Épilogue : Ce que tu fais de toi, maintenant, t'appartient

La fin du livre... ou le début de toi ?

Tu viens de traverser un pont.
Mais ce n'était pas un pont fait de pierre ou de corde.
C'était un pont fait de toi.

Tu as avancé, pas à pas, sur les sentiers de ta propre complexité.
Tu as écouté ce qui vibre à l'intérieur. Tu as observé tes pensées, tes comportements, tes paradoxes.
Tu as parfois reconnu des parties que tu aimais moins.
Et parfois, tu as souri devant une évidence que tu avais oubliée.

Chaque outil que tu as croisé dans ces pages n'est qu'**un miroir**.
Un **reflet**, pas une étiquette.

Une **boussole**, pas une cage.

Et maintenant ?
Maintenant, **tu es libre**.

Tu es responsable de ta suite

Ce que tu fais de toi, maintenant, **t'appartient**.
Ce n'est ni à moi, ni à ton passé, ni à tes schémas.
C'est à toi, et à toi seul·e.

Tu peux refermer ce livre, te dire que c'était sympa, que ça t'a appris deux ou trois trucs.
Tu peux le poser sur une étagère, dans la catégorie "développement personnel", entre deux autres tentatives de changement.

Ou tu peux l'ouvrir différemment.
Pas avec tes mains, mais avec ton quotidien.

Parce que la connaissance de soi ne sert à rien si elle ne descend pas dans tes gestes, dans tes silences, dans tes décisions.
Elle n'a d'impact que si **tu l'habites**.
Si tu choisis de prendre les commandes.
Si tu assumes que tu peux te reconfigurer, te réécrire, te dépasser.
Pas en niant qui tu es.
Mais en l'honorant.

Alors… qui choisis-tu d'être, maintenant que tu sais un peu mieux comment tu fonctionnes ?

Le pont est en toi

Tu n'as pas besoin d'être parfait·e.
Tu as besoin d'être **conscient·e**.

Ce que tu fais de toi, maintenant, t'appartient.
Et ce que tu fais de toi... deviendra ce que **tu offres au monde**.

Alors marche.
Traverse.
Crée ton passage.
Et si un jour tu doutes, reviens ici. Pas pour relire.
Pour te rappeler.

Parce que tu sais déjà.

2. Jeux

DISC : Qui réagit comment ?

Associer les bons comportements aux bons profils DISC dans 2 situations concrètes. Chaque profil (D, I, S, C) est représenté à chaque fois.

Situation 1 : Un changement de dernière minute au travail

Réaction possible	Profil
"Pas grave, on improvise, ça va être fun"	
"Pourquoi on ne m'a pas prévenu plus tôt ? Ce n'est pas carré du tout."	
"Si ça dérange personne, moi je veux bien m'adapter."	
"On s'adapte vite, on fonce, on n'a pas le temps de tergiverser."	

Situation 2 : Une soirée où on ne connaît personne

Réaction possible	Profil
"Est-ce que je suis obligé d'y aller ?, ce n'était pas prévus"	
"Je préfère rester avec quelqu'un que je connais..."	
"Génial, l'occasion de rencontrer plein de gens !"	
"Ok, j'y vais."	

1: I/C/S/D
2: C/S/I/D

Envie d'autre jeux ?

Génial !

Par contre, ce n'est pas ici, ni dans les pages suivantes, mais dans d'autres livres, tu peux les retrouver dans n'importe quel sites et librairies !

3. Et maintenant, on continue ?

Tu as exploré ton fonctionnement. Tu as découvert des outils, des ponts, des connexions.
Mais ce n'est que le début.

Ce QR code est ton prochain pas.

Scanne-le et choisis la suite de ton chemin.

Ce que tu y trouveras :
- Des ressources exclusives
- Des vidéos où je t'accompagne personnellement
- Des fiches pratiques pour passer à l'action
- Des bonus pour aller encore plus loin dans la connaissance de soi
- Peut-être même un petit défi… juste pour toi.

Parce que les ponts ne servent à rien si tu n'oses pas les traverser.

4. Et si tu poursuivais l'aventure ?

Découvre les autres ouvrages de ma collection

Tu as aimé explorer les ponts de la connaissance de soi ?
Voici d'autres livres qui t'emmèneront encore plus loin, chacun à sa manière.

Mindset & Développement Personnel

La Perception – L'art de voir au-delà de ce que tu regardes
➤ Un livre interactif pour changer de regard, explorer tes filtres cognitifs et transformer ta communication.
Avec jeux, QCM, défis de perception et fiches pratiques.

"Le Dev' perso c'est bien, en jouant c'est mieux"
➤ Jeux, QCM, défis de perception et fiches pratiques

"Ta meilleure version : 21 jours pour changer ton état d'esprit"
➤ Un programme pratique sur 3 semaines, avec une leçon et un exercice par jour.

"Petits déclics pour grands changements"
➤ Un recueil de micro-histoires et métaphores sur la perception, les croyances et le changement.

"Le mindset des gens qui ne lâchent rien"
➤ Étude des traits communs chez les personnes résilientes avec des conseils applicables.

"Pensées puissantes du matin"
➤ Une page par jour avec citation + réflexion + challenge rapide (format journal quotidien).

"L'art de se recentrer : techniques simples pour rester aligné au quotidien"
➤ Respiration, rituels, ancrage, pleine conscience, etc.

Vie Quotidienne & Productivité

"Moins mais mieux : 33 hacks pour simplifier ton quotidien"
➤ Organisation, gestion mentale, digital detox, routines minimalistes.

"Le carnet du temps retrouvé"
➤ Un journal guidé pour réconcilier ses envies et son emploi du temps.

"Ton année en 12 défis"
➤ Chaque mois, un nouveau défi autour d'un thème (productivité, bien-être, relations, etc.).

"Reprendre le pouvoir sur son énergie"
➤ Chronobiologie, alimentation, sommeil, pauses actives… structuré par partie de journée.

"Petit manuel anti-procrastination"
➤ Méthodes, neurosciences, astuces ludiques pour passer à l'action facilement.

Relations, émotions & introspection

"J'apprends à m'aimer (enfin)"
➤ Un guide introspectif, doux, axé sur l'estime de soi, l'auto-soutien et les blessures anciennes.

"Les 7 langages de l'amitié"
➤ Inspiré des langages de l'amour mais appliqué à l'amitié : une approche originale.

"Émotions : ton super-pouvoir mal compris"
➤ Décryptage ludique et pédagogique des émotions avec jeux d'introspection.

"100 questions à se poser pour se (re)découvrir"
➤ Livre interactif, orienté journal d'introspection, avec espaces à compléter.

"Apprivoiser la solitude sans se sentir seul"
➤ Poétique et pratique, sur la solitude choisie et la qualité de présence à soi.

Spécial thématiques atypiques

"Le stoïcisme au service de ta vie moderne"
➤ Philosophie pratique à la sauce 2025 : attentes, contrariétés, contrôle émotionnel.

"Petites révolutions intérieures"
➤ 12 chapitres autour de prises de conscience qui ont changé des vies (témoignages + pistes d'action).

"Ton journal de gratitude inversée"
➤ Journal guidé pour faire la paix avec ce qui ne va pas, et en tirer du positif.

"Une année pour devenir inarrêtable"
➤ 52 chapitres courts (1 par semaine) pour construire une mentalité de feu.

"Le pouvoir caché des habitudes invisibles"
➤ Focus sur les micro-habitudes qui façonnent la vie sans qu'on s'en rende compte.